ÉDUCATION DES FEMMES

D. LÉVI ALVARÈS

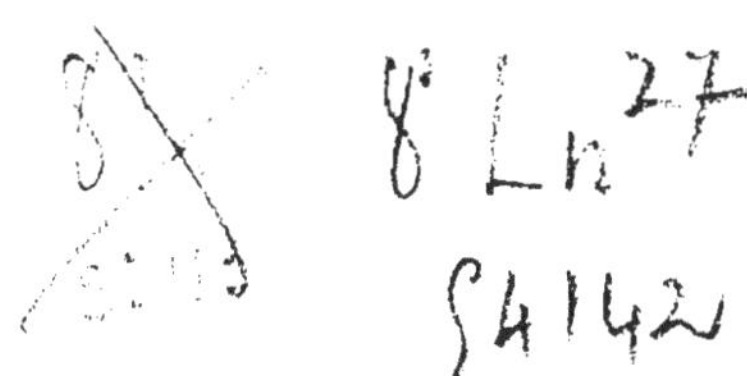

ÉDUCATION DES FEMMES

D. LÉVI ALVARÈS

LES COURS D'ÉDUCATION MATERNELLE
LES PLANS D'ÉTUDES

PREMIÈRE SÉRIE

ENSEIGNEMENT HISTORIQUE

PAR

THÉODORE LÉVI ALVARÈS

ANCIEN DIRECTEUR DES COURS D'ÉDUCATION MATERNELLE

PUBLIÉ AVEC UNE PRÉFACE

DE

GABRIEL MONOD

MEMBRE DE L'INSTITUT

TOME II

PARIS
LIBRAIRIE LÉOPOLD CERF
12, RUE SAINTE-ANNE, 12

1911

AVERTISSEMENT

Dans le premier volume de cet ouvrage, publié en 1909 [1], *nous avons exposé, dans ses principes et dans son esprit de direction morale et intellectuelle, la Méthode, à laquelle D. Lévi Alvarès a donné son nom. Nous voudrions maintenant la faire connaître dans ses applications aux différentes spécialités des études classiques, de manière à guider les instituteurs et les institutrices désireux d'adapter notre méthode à leur enseignement.*

Ce sera l'objet de publications successives dont ce second volume, qui traite de l'Histoire, est aujourd'hui le début.

1. Voir : *Éducation des Femmes*, D. Lévi Alvarès, Librairie Léopold Cerf, 1909, Paris.

LETTRE-PRÉFACE

Versailles, 20 juin 1911.

Cher et vénéré Collègue et Ami,

J'ai lu avec un vif intérêt et une profonde sympathie le livre que vous avez consacré à la vie et à l'œuvre de Monsieur votre père, et je pense que vous rendrez un véritable service en rappelant, aujourd'hui, quels principes ont guidé M. D. Lévi Alvarès dans l'organisation de ses cours d'histoire.

Vous éprouvez un légitime orgueil, lorsque vous rappelez que M. Lévi Alvarès a été, dans ce domaine, un novateur, qu'il a le premier en France, dès 1823, élaboré tout un programme d'enseignement de l'histoire, et que, malgré les progrès accomplis depuis lors dans l'enseignement public, ses idées méritent encore d'être méditées et peuvent, sur beaucoup de points, fournir d'utiles directions.

C'est avec raison que M. Lévi Alvarès disait en 1823, lorsqu'il publiait la première édition de son Cours méthodique d'histoire, *que « l'enseignement élémentaire de l'histoire était nul en France ». M. Royer-Collard avait essayé en 1818 de créer, dans toutes les classes, un enseignement de l'histoire, confié à un professeur spécial, et auquel seraient consacrées deux heures par semaine. Mais il n'avait réussi à organiser ces cours qu'à Paris et dans quelques grandes villes, et cet enseignement éveilla bien vite de telles inquiétudes chez les successeurs de Royer-Collard, qu'en 1822 M. de Frayssinous réduisit les cours d'histoire aux classes de cinquième, quatrième, troisième et deuxième ; puis le règlement de 1826 supprima l'histoire en seconde et en fit commencer l'étude en sixième. Les trois premières années, on étudiait l'histoire de l'antiquité et du moyen âge jusqu'à Charlemagne, et la dernière année on devait parcourir, à grands pas, les mille ans qui s'étendent de la mort de Charlemagne à 1789. Ce n'est qu'en 1828 que M. de Vatimesnil rendit à l'enseignement de l'histoire son essor ; mais il fallut bien des années pour qu'il pût régulièrement s'organiser. M. Macé de l'Epinay disait en 1880, dans une conférence, qu'il était sorti en 1833 des collèges royaux, sans avoir jamais eu un professeur d'histoire.*

M. Lévi Alvarès était donc singulièrement en avance sur son temps, quand il donnait à l'histoire la place d'honneur dans l'enseignement des jeunes filles, quand il entreprenait la publication d'une série de manuels où l'histoire générale était présentée sous une forme métho-

dique, de façon à devenir la base de toute l'éducation intellectuelle : par l'histoire on devait, non seulement connaître et classer chronologiquement tous les faits importants de l'évolution humaine, mais apprendre à les raconter, à les comparer, à les juger, à en tirer, en un mot, toute la substance spirituelle qu'ils contiennent, la connaissance complète de l'homme et de l'humanité, dans la variété de leurs aspects, dans la logique de leur développement.

Je n'ai pas à examiner de quelle manière M. Lévi Alvarès a mis à exécution ce magnifique programme. Vous expliquez, dans votre présent ouvrage, le système suivi dans ses cours et les résultats qu'il cherchait à atteindre. Je me contenterai de rappeler deux ou trois de ses idées directrices qui sont peut-être trop oubliées de nos jours.

M. Lévi Alvarès n'était pas de ceux qui pensent qu'on peut enseigner l'histoire aux enfants, sans noms propres et sans dates. Il était trop bon pédagogue pour vouloir devancer la nature et pour demander à l'esprit des enfants des idées personnelles et des raisonnements, à l'âge où l'on ne peut guère mettre en mouvement que la mémoire. Et il n'avait garde de négliger ce précieux instrument, grâce auquel on peut emmagasiner sans peine dans le cerveau des notions précises qui, plus tard, serviront de cadre au travail de la raison. Les faits, les noms, les dates, sont dans l'esprit comme des clous aux-

quels plus tard viendra se suspendre toute la décoration éclatante de l'histoire. M. Lévi Alvarès ne voulait pas que l'histoire se présentât aux yeux des enfants comme une série d'anecdotes sans lien, ou de vagues aperçus. Il voulait qu'elle eût pour base la connaissance du sol où les événements se sont passés, de la géographie, et il a été un des premiers à signaler l'importance historique de son étude. Il voulait ensuite que l'acquisition précise des dates essentielles et des généalogies des rois fournît un cadre solide au classement chronologique des événements. On peut trouver qu'il a trop multiplié dans ses livres les noms et les dates ; mais le principe dont il partait était excellent.

Il ne voulait pas, en effet, exercer la mémoire pour le seul plaisir de la meubler de noms et de chiffres. Non : la mémoire devait, pour lui, exercer inconsciemment la raison de l'enfant par le classement même des faits et leur rapprochement. Il n'admettait pas qu'on jetât au hasard l'esprit des enfants dans n'importe quelle période de l'histoire, sans préparation, comme on le fait aujourd'hui en leur racontant des biographies prises à tous les temps et à tous les pays, ou en leur parlant de la France sans leur apprendre comment elle s'est formée. Il voulait que toutes les notions historiques fussent coordonnées et rattachées à une connaissance, si sommaire qu'elle fût, de l'histoire générale.

C'est par une série de revisions, de plus en plus détaillées, de plus en plus nourries de jugements et d'idées, de l'histoire générale, qu'il faisait pénétrer ses élèves dans la connaissance intime et de plus en plus intelligente des histoires particulières. Et en même temps, pour toutes les époques, il tenait à ce que ses élèves ne perdissent jamais de vue le rapport des diverses histoires entre elles. Pour cela il accordait, non sans raison, une grande importance aux synchronismes, suivant d'ailleurs ici une pratique très usitée dans l'enseignement de l'histoire, au début du XIXe *siècle, et trop négligée depuis, celle des tableaux chronologiques et des tableaux synchroniques. M. Lévi Alvarès avait toujours présente à l'esprit cette idée si juste que l'histoire, pour être comprise par les jeunes esprits, et même par les esprits de tout âge, doit se présenter sous forme de tableaux sur lesquels les noms et les dates forment autant de points de repère, et où les événements s'enchaînent simultanément en séries chronologiques et en parallélismes synchroniques.*

Il ne craignait pas de faire revenir ses élèves sur leurs pas, de les faire repasser par les mêmes chemins, mais en leur faisant chaque fois mieux observer les détails de la route. Il savait, ce qu'on a complètement oublié dans notre enseignement public, que les exercices fréquents de revision sont une des bases de la pédagogie historique. Il était pénétré du principe de Coménius : Repetitio est mater studiorum.

De même que M. Lévi Alvarès n'admettait pas qu'on

enseignât les histoires particulières indépendamment de l'histoire générale, il ne voulait pas qu'on parlât d'histoire aux enfants sans tâcher de leur faire comprendre ce que c'est que l'histoire, et il faisait très sagement précéder l'enseignement de l'histoire la plus élémentaire par quelques notions et quelques définitions très simples sur ce qui constitue l'histoire, sur les faits dont elle s'occupe, et sur la manière dont on peut les connaître. On néglige presque partout de le faire, et cependant il est indispensable, avant de parler aux enfants des monarchies et des républiques, des sociétés et des institutions, de leur faire comprendre ce qu'est un Etat et ce qu'est une loi.

On était entré dans les idées de M. Lévi Alvarès quand, il y a vingt ans, on avait donné pour programme d'histoire à la neuvième, une histoire générale très élémentaire encadrant des récits et biographies. C'est dans cet esprit que j'ai publié jadis avec M. Dhombres, en tête de la collection historique publiée par M. Alcan, une Petite histoire universelle, *accompagnée de récits et biographies et précédée d'une introduction destinée à faire savoir aux enfants ce qu'est l'histoire et comment on peut l'étudier. M. Lévi Alvarès avait, par une vue profonde, compris que des idées de* critique historique *très élémentaires doivent servir, pour les plus jeunes enfants, de préparation à l'acquisition des premières connaissances historiques.*

C'est par cette série d'exercices, c'est par cette orga-

nisation méthodique de l'enseignement de l'histoire, que M. Lévi Alvarès avait voulu, tout en paraissant ne s'adresser tout d'abord qu'à la mémoire de l'enfant, préparer son esprit, non à des raisonnements et à des jugements prématurés, mais à une intelligence rationnelle et graduelle du développement de l'histoire et de la civilisation humaines. Comme le disait très bien M. Sabatier dans son Rapport sur la méthode de M. Lévi Alvarès, cette méthode, par la seule liaison des noms, des faits et des dates, par le soin d'expliquer chaque chose avant de la faire apprendre « passait par l'entendement pour arriver à la mémoire ».

Vous savez, cher et vénéré ami, toutes ces choses bien mieux que moi, et vous les direz avec bien plus d'autorité en entourant votre exposé de la méthode paternelle de tout un ensemble de preuves et d'exemples ; mais j'ai été heureux de l'occasion que vous m'avez offerte de rendre un public hommage à un des fondateurs de l'enseignement historique en France, à un homme qui a eu, de ce que peut et doit être cet enseignement la conception, la plus rationnelle et la plus large, conception qui est loin d'avoir été encore réalisée.

Gabriel Monod,
Membre de l'Institut.

QUELQUES MOTS

SUR

L'ENSEIGNEMENT ÉLÉMENTAIRE

DE L'HISTOIRE

On ne serait certainement pas fondé à dire aujourd'hui ce qu'écrivait Lévi Alvarès, en 1823, aux premières lignes de son *Manuel des peuples :* « L'ENSEIGNEMENT ÉLÉMENTAIRE DE L'HISTOIRE EST NUL EN FRANCE ; C'EST UNE AFFLIGEANTE VÉRITÉ A FAIRE CONNAÎTRE. »

Depuis ce temps, la science de l'histoire renouvelée a pris une place de plus en plus importante dans les régimes rajeunis et élargis de nos collèges de garçons et, maintenant, dans nos lycées de filles et l'on peut suivre, facilement, ses conquêtes à travers les mutations scolaires, des commencements du XIXe siècle jusqu'aux réformes de 1902, en consultant les plans d'études universitaires, les Instructions ministérielles et les meilleurs livres classiques.

Mais, si l'enseignement historique, chez nous, s'est

ainsi progressivement fortifié et élevé, dans ses leçons et dans ses livres, sous l'influence des savants travaux de l'Ecole Normale supérieure, de l'Ecole des Chartes, de la Sorbonne, du Collège de France et de plusieurs professeurs distingués de nos lycées, il n'a jamais doté, cependant, notre instruction publique d'aucune méthode raisonnée, précise, fondée sur les principes de la pédagogie moderne et capable de diriger les jeunes esprits dans le travail historique, des classes préparatoires aux dernières classes secondaires.

Aussi, qu'arrive-t-il ? Les programmes succèdent aux programmes, sans cesse remaniés ; des pages, dictées par la plus haute inspiration, dans les livres, dans les circulaires, dans les Rapports, dans les Instructions, donnent aux professeurs d'histoire les conseils les plus élevés, les plus chaleureusement patriotiques ; des ouvrages très documentés et composés avec talent se pressent sur les rayons de nos librairies classiques ; des maîtres éclairés, formés à l'Ecole Normale supérieure, occupent les chaires de nos lycées : il semble que tout soit prêt pour assurer le succès des études et cependant « *nos écoliers ne savent pas l'histoire*[1] », écrivait M. Lavisse dans son Rapport de 1890, et nous ne savons si les choses ont beaucoup changé, depuis vingt ans. M. Lavisse dit excellemment, en s'adressant

1. Voir le Rapport de M. Lavisse sur l'enseignement secondaire de l'histoire (1890).

aux professeurs : « Montrez donc aux enfants, par des faits et par des dates, la succession des temps. Tissez fortement la *trame* sur laquelle vous dessinerez les grands faits et les grandes figures de l'histoire. »

C'est cela ! c'est la *trame* qui manque, ce sont les fondements qui ne sont pas solides, c'est la méthode qui fait défaut dans le degré élémentaire, des classes préparatoires à la troisième, de sept à quatorze ans.

Nous ne pouvons nécessairement nous rendre compte de l'enseignement historique universitaire que par ses programmes et les instructions ministérielles, puisque les leçons ne sont pas publiques ; mais, ni dans ces programmes, ni dans ces instructions, nous ne trouvons la préoccupation d'une direction graduée, progressive, cherchant avant tout à préparer les enfants aux études secondaires et supérieures, à leur donner l'habitude du travail historique, d'examen, d'analyse, de synthèse, d'exposition qui s'agrandira et s'élèvera d'étape en étape, travail si précieux aussi pour la culture générale de l'esprit.

Jetez un coup d'œil sur les programmes universitaires de 1902, soit dans les lycées de garçons, soit dans ceux de filles, il est impossible de ne pas y reconnaître une incohérence regrettable : dans les classes enfantines et préparatoires, que demande-t-on ? des récits empruntés à notre histoire nationale ; en huitième et en septième, encore l'histoire de France élémentaire ; en sixième, l'histoire de l'antiquité, sans qu'il ait jamais été jusque-là question d'un seul peuple de l'antiquité et en ne reprenant cette histoire que trois ans après en seconde ; en cinquième et en quatrième, l'histoire de l'Europe et de la France au moyen âge et dans les temps modernes, sans qu'il ait jamais été parlé jusque-là, sinon fort incidemment, des peuples qui vont jouer un rôle dans cette période : Anglais, Allemands, Russes, etc.

Nos critiques pourraient déjà se justifier, il nous semble, dès les classes enfantines et préparatoires, où l'on s'en tient principalement à des biographies. A quoi peuvent s'intéresser les enfants de cet âge dans une biographie qui ne vaut quelque chose que si elle se rattache au milieu où vivait l'homme ! et puis, de neuf à onze ans, quelles biographies ou quels sujets de narrations indiqués, proposés dans certains programmes pour de si jeunes intelligences : Sainte Geneviève ! Le marchand Samo ! Grégoire de Tours ! Le chevalier des Barres ! Enguerrand de Marigny ! Le grand Ferré ! Louis d'Ars ! Molard à Ravenne ! Ambroise Paré ! Descartes ! Chevert ! Le capitaine Coignet ! Pasteur ! etc.

Et, dans quelques livres, destinés à ces jeunes enfants, ne voit-on pas figurer : Dante, sa Divine Comédie et sa « pure affection pour Béatrix » ! Shakespeare et ses drames ! Voltaire et « sa mordante ironie qui ne respectait pas les anciennes croyances »! etc.

Voyez-vous ces bambins, dilettanti au petit pied, parler à tort et à travers du système féodal! des États généraux! de la Réforme! de l'Édit de Nantes, qui accorde la liberté de conscience! de Richelieu, grand homme d'État qui abaisse la maison d'Autriche! de la politique de Richelieu continuée par Mazarin! du pouvoir absolu de Louis XIV! de la nuit du 4 août! du peuple souverain! etc., etc.

Vraiment, est-ce là comprendre et suivre cette sage prescription d'un des maîtres de l'Université, les plus écoutés : « Adaptez l'enseignement historique à la force intellectuelle des élèves. » Ne serait-on pas tenté de dire, en souriant, au souvenir de Mme de Sévigné qui trouvait prématurées les lectures de Pauline : « Je ne voudrais pas du tout qu'ils y missent *leur* petit nez! c'est trop matin pour *eux!* » et, plus sérieusement, avec Horace : « cela n'est pas à sa place ».

On peut soutenir l'opinion de ceux qui voudraient que l'enseignement historique ne commençât dans les écoles que vers onze ou douze ans, mais puisque décidément, et avec raison selon nous, les programmes scolaires le placent au début même des études élémentaires, qu'on donne au moins à cet enseignement son vrai caractère. En définitive, l'histoire est surtout une suite de faits dont il faut montrer clairement les détails et l'ensemble. Certes, elle n'est pas que cela, elle va plus loin et plus haut et il faudra que le maître, au courant de ses leçons, fasse la part qui convient à la morale, au patriotisme, au civisme par la peinture saisissante des nobles actions et des grands caractères, au pittoresque, à la démonstration, à la description des mœurs et des coutumes des peuples, aux institutions, à la philosophie, jusqu'à ce que, arrivés à la fin des études secondaires, ses élèves aient vu, dans l'Histoire, comme le dit Fustel de Coulanges, non seulement la lumière, mais aussi la couleur, la réalité et la vie.

Lévi Alvarès demande à l'histoire, ainsi comprise, les principes essentiels de la méthode éducative qu'il inaugure à ses Cours, en 1823 ; notre instruction classique lui doit un enseignement historique, pour la première fois ordonné et progressif, avec des programmes nettement gradués, avec des livres composés sur des plans nouveaux. C'est là un fait intéressant qui a sa place aux annales de notre pédagogie féminine et sa date marquerait un des progrès les plus heureux de l'enseignement libre si l'on pouvait, depuis le XVIIe siècle, connaître et suivre, avec quelque sûreté chronologique, les méthodes, dans leur esprit et dans leur pratique, pour chaque spécialité des études classiques. Ce travail n'existe pas et d'ailleurs, peut-il se faire ? Pour ce qui est de l'histoire, nous n'avons rien trouvé qui puisse encourager à l'entreprendre ; depuis les Oratoriens et Port-Royal jusqu'à Rollin et de Rollin jusqu'à nous, qu'y a-t-il ? Des projets, des doctrines, des programmes, des livres, mais pas une méthode originale.

Le système de Lévi Alvarès devait donc nécessairement attirer l'attention ; sans vouloir le proposer comme un modèle, qu'il nous soit permis de penser qu'en l'exposant ici, mis au courant des progrès scolaires, nous contribuerons utilement aux efforts et aux travaux de tous ceux qui s'intéressent à l'étude de l'histoire dans notre pays et qui préparent pour elle des réformes organiques et rationnelles. Nous avons voulu, dans la composition de ce volume, où se continue l'exposé de notre méthode, penser, parler, comme autrefois près du maître novateur, et, au souvenir ému de cette chère et intime collaboration, le fils et l'apôtre sont unis dans un même et profond sentiment de respect, d'admiration, de reconnaissance ! Nous présentons, tout d'abord, le tableau comparatif des plans d'études dans les écoles publiques et dans notre enseignement libre ; notre plan a été mis au pair des études nouvelles et prolongé jusqu'à nos jours.

Versailles, mars 1911.

T. L. A.

	PLAN D'ÉTUDES DES LYCÉES	
	GARÇONS.	FILLES.
PRÉPARATOIRE (1re année) 10e. 7 à 8 ans.	*Récits* et entretiens familiers sur les grands personnages et les faits principaux de l'Histoire nationale.	
PRÉPARATOIRE (2e année). 9e. 8 à 9 ans.	Même programme qu'en 1re année préparatoire.	*Récits* pris dans la vie [illegible] grands hommes; ex. : Col[illegible] Magellan, Marco Polo, G[illegible] berg, Watt, etc...
8e. 9 à 10 ans.	*Notions sommaires d'Histoire de France*, depuis les origines jusqu'à 1610. Aspect de la Gaule avant la conquête romaine. — Invasions des Barbares. — Les Francs. — La légende de Roland. — Hugues Capet. — Louis VI à l'attaque du Puiset. — Philippe-Auguste. — La guerre de Cent ans. — Les Grandes Compagnies. — Charles V à l'hôtel Saint-Pol. — Les guerres d'Italie, etc... Étendue de la France en 1610.	*Récits biographiques* sur [illegible] personnages français ou [illegible] scènes historiques, en suiv[illegible] l'ordre de la chronologie [illegible] origines à la fin du moyen [illegible] Ex. : Traits d'héroïsme [illegible] lois. — Sainte Blandine [illegible] Sainte Geneviève. — Le [illegible] chand Samo. — Robert, ex[illegible] munié. — Le chevalier [illegible] Barres. — Jacques de Mo[illegible] — Molard à Ravenne. — [illegible] jeunesse de Ramus, etc.

PLAN D'ÉTUDES DE LA MÉTHODE LÉVI ALVARÈS

PÉRIODE ÉLÉMENTAIRE

Histoire Sainte. — Notions préliminaires; vicissitudes; pères d
illes; peuples; gouvernements; ce que c'est que l'histoire. —
elle des peuples ou succession des peuples anciens, du moyen âge
modernes, avec leurs fondateurs et le siècle de leur fondation.

Histoire ancienne des peuples d'Orient. — Narration orale. —
llyse des faits. — Synchronisme : Histoire sainte et histoire
enne des peuples d'Orient. — Échelle des peuples. — Vicissi-
es des peuples anciens.

Histoire grecque. — Narration. — Analyse des faits, appréciation
faits, des hommes. — Synchronisme : Histoire sainte, Histoire
enne d'Orient et Histoire grecque. — Échelle des peuples;
cices. — Vicissitudes des peuples anciens (*suite*). — Simples
eries sur l'Histoire de France.

	PLAN D'ÉTUDES DES LYCÉES	
	GARÇONS.	FILLES.
7e. 10 à 11 ans.	*Histoire sommaire de la France* dans la période moderne et contemporaine de 1610 jusqu'en 1871. Louis XIII et Richelieu. — La misère au temps de la Fronde. — Louis XIV. — Louis XV. — Louis XVI et Turgot. — L'Assemblée constituante. — La Convention. — Le Directoire. — Le Consulat. — L'Empire. — La France de 1815 à 1848. — etc... Comparaison entre les frontières de la France en 1815 et en 1871.	Suite des *récits biographi*[...] du moyen âge à nos jours. Ex. : La défense de Saint-[...] de-Losne. — Exploits de [...] Bart. — La nuit du 4 ao[...] Le capitaine Coignet. — Ma[...] — La jeunesse de Louis-Phili[...] — Traits de patriotisme da[...] guerre de 1870-1871.
6e. 11 à 12 ans.	*L'antiquité.* — L'Egypte. — Chaldée et Assyrie. — Les Juifs. — Les Phéniciens. — Les Perses. La Grèce — Sparte et Athènes. Colonies grecques. — Guerres médiques. — Décadence d'Athènes. — La Macédoine. L'Italie. — Religion romaine. — L'armée. — La conquête romaine. — La vie, la société romaines. — La conquête des Gaules. — Etablissement de l'Empire. — L'Eglise primitive. — Anarchie et invasions. — Le christianisme religion d'Etat.	*Eléments d'Histoire anc*[...] — Peuples de l'Orient : Pay[...] Hébreux. — Moïse. — Le[...] — Les prophètes. — Pri[...] Jérusalem par les Romain[...] Grecs : Le pays des Gre[...] Les légendes. — Divinit[...] Solon. — Périclès. — Socr[...] Démosthène. — Alexand[...] Prise de Corinthe par le[...] mains. Romains : Pays des Ro[...] — Fondation de Rome. — [...] rhus. — Annibal. — Jules [...] — Auguste. — Constant[...] Théodose.

PLAN D'ÉTUDES DE LA MÉTHODE LÉVI ALVARÈS

\ *Histoire romaine.* — Narration. — Analyse des faits; appréciation t ; faits, des hommes. — Synchronisme : Histoire sainte, histoire »icienne d'Orient, histoire grecque, histoire romaine, — Vicissitudes | · peuples anciens et du moyen âge (Français, Anglais, etc...). — ɛiis de France et d'Angleterre. — Chronologie de l'histoire ɔicienne.

Histoire de France élémentaire. — Narration. — Analyse, appré- ιoñon des faits, des hommes, biographies, etc... — Revision de l'his- ɘe ancienne par synchronismes. — Vicissitudes des peuples du ıɔven âge (*suite et fin*) et modernes. — Chronologie du moyen âge et ıɔderne. — Souverains de France, d'Angleterre, d'Allemagne, etc..., ıɔnement, durée de leur règne, comparaisons, etc...

PLAN D'ÉTUDES DES LYCÉES

	GARÇONS.	FILLES.
5e. 12 à 13 ans.	*Moyen âge et commencement des temps modernes*, jusqu'à la fin du XVe siècle. Gaule ancienne. — Gaule romaine. — Invasions. — Francs. — Arabes. — Empire franc. — Décomposition de l'empire franc. — France. — Angleterre. — Allemagne. L'Eglise au moyen âge. — Les Croisades. — La société au moyen âge. — La civilisation occidentale. — Les Valois et la guerre de Cent ans. — La France aux XIVe et XVe siècles. — L'Europe à la fin du XVe siècle.	*Histoire nationale et no sommaires d'Histoire géné jusqu'en 1610.* Grandes divisions de l'hist de la France et de l'Europe La Gaule avant les invasion Les Barbares. — La Gaule rovingienne et carolingienne. L'époque des croisades Grandeur du XIIIe siècle. — L rope de la guerre de Cent ans Les inventions. La Renaissance et la Réfo — Les grandes découvertes graphiques. — Grands épis des guerres d'Italie. — L religieuses en Europe. — d'œil sur les principaux Etats l'Europe en 1610.
4e. 13 à 14 ans.	*Les temps modernes* du XVe siècle à 1789 : Les découvertes maritimes et les établissements coloniaux. — La Renaissance. — Etat de l'Europe occidentale à la fin du XVe siècle. — La Réforme. — Les guerres religieuses. Etablissement de la monarchie absolue en France. — Louis XIV. — La société du XVIIe siècle. — L'art Français au XVIIe siècle. L'Angleterre au XVIIe siècle. — La France sous Louis XV. — L'Angleterre. — La Prusse. — L'Autriche. — La Russie. — La politique extérieure au XVIIIe siècle. — Louis XVI.	*Histoire nationale et no sommaires d'Histoire gén (suite)* de 1610 à 1789. L'Europe du XVIIe siècl Louis XIII. — La guer Trente ans. — Révolutio 1648 en Angleterre. — XIV. — Le siècle de Louis L'Europe du XVIIIe siècl — Louis XV. — Tableau de rope vers 1740. Lutte maritime et colo entre la France et l'Angle — Formation des Etats-U Catherine II. — Etat de la dans la seconde moitié du siècle. — Louis XVI.

PLAN D'ÉTUDES DE LA MÉTHODE LÉVI ALVARÈS

PÉRIODE SECONDAIRE

Histoire ancienne développée, jusqu'au ve siècle avant J.-C.
Histoire de France développée et histoire du moyen âge, du ve siècle J.-C. au XIVe siècle.
Synchronisme de notre histoire générale : 1° histoire ancienne u'au ve siècle av. J.-C.; 2° histoire de France et histoire du moyen du ve siècle ap. J.-C. au XIVe siècle.

Histoire ancienne développée, du ve siècle av. J.-C. au Ier siècle J.-C.
Histoire de France développée et Histoire générale, du XIVe au siècle.
Synchronisme de notre histoire générale (*suite*) : 1° histoire enne du ve siècle au Ier av. J.-C. ; 2° histoire de France et his- e générale jusqu'au XVIe siècle.

	PLAN D'ÉTUDES DES LYCÉES	
	GARÇONS	FILLES
3ᵉ. 14 à 15 ans.	*Epoque contemporaine.* — L'ancien régime en France. — Les Etats généraux et l'Assemblée constituante. — La République. — Transformation de la société française par la Révolution. — Lutte entre la Révolution et l'Europe. — Consulat. — Empire. — Congrès de Vienne. Restauration. — Louis-Philippe. — Les arts, les lettres, les sciences en France, dans la première moitié du XIXᵉ siècle. — Seconde République. — Second Empire. — Unité italienne. — Unité allemande. — La question d'Orient au XIXᵉ siècle. Transformation de l'Industrie et du commerce. — Expansion européenne. — Extrême-Orient. — Angleterre. — Empire allemand. — Russie. — Etats-Unis. — La France de 1870 à 1889. — Le gouvernement de la France au XIXᵉ siècle.	*Histoire nationale et notio[ns] sommaires d'Histoire géné[rale]* (suite). La Révolution française [...] Constituante. — La Législat[ive]. — La Convention. — La gra[nde] coalition. — Le Directoire. — [...] Consulat. L'Empire. — L'Europe [...] temps de la Restauration e[t de] Louis-Philippe. — Indépend[ance] de la Grèce. — Révolution [de] 1830. — Indépendance de la [Bel]gique. — Quelques grands [écri]vains et artistes depuis la fi[n du] XVIIIᵉ siècle. — Les grande[s in]ventions scientifiques et [leurs] applications. La France contempora[ine]. Révolution de 1848. — Se[cond] Empire. — Troisième Répu[bli]que. Les grandes puissances [euro]péennes depuis 1815 : Ru[ssie], Turquie, Angleterre, Em[pire] d'Allemagne, Autriche-Hon[grie], Italie, Etats-Unis. Vue générale sur l'histoi[re de] l'Europe depuis le milieu [du] XVᵉ siècle, en insistant sur le[s] [...] de la France.

PLAN D'ÉTUDES DE LA MÉTHODE LÉVI ALVARÈS

Histoire ancienne développée, du Ier siècle av. J.-C. au ve siècle ap.

Histoire de France développée et Histoire générale, xvie siècle.
Synchronisme de notre histoire générale (*suite*) : 1° histoire
enne du Ier siècle av. J.-C. au ve ap.; 2° histoire de France et
ire générale, xvie siècle.

	PLAN D'ÉTUDES DES LYCÉES	
	GARÇONS	FILLES
2e. 15 à 16 ans.	*Histoire moderne :* L'Europe du xe au xve siècle. — Organisation des Etats. — La Société. — L'Eglise. — La civilisation. — La politique européenne de 1498 à 1559. — La Renaissance. — La crise religieuse au xvie siècle. Les luttes intérieures en France, de 1559 à 1610. — Les Provinces-Unies au xviie siècle. — L'Angleterre de 1603 à 1714. — Louis XIV. — La Société française au xviie siècle. — L'Europe orientale. — Mouvement intellectuel en Europe au xviie siècle. *Histoire ancienne :* temps préhistoriques. — Egypte. — Chaldée. — Juifs. — Phéniciens. — Perses. — La Grèce. — Les mythes. — Sparte. — Athènes. — Colonisation. — Civilisation. — Guerre du Péloponèse. — Suprématie de la Macédoine. — Dernières luttes en Grèce.	*Histoire sommaire de la civi- sation.* — Aperçu sur les te préhistoriques. — Grandes di sions de l'histoire. Civilisation ancienne de rient : Egyptiens. — Assyri — Empire Perse. — Phénici — Hébreux. Civilisation grecque : Po d'Homère. — Mythologie Jeux. — Guerres médiques Siècle de Périclès. — Alexa Civilisation romaine : gra divisions de l'histoire rom — La cité. — Le Sénat. — L pire. — La littérature. — ville de Rome. — Constanti Le christianisme. Le Moyen âge : Transfo tions de la Gaule. — Maho — L'Empire romain d'Orie Le Saint-Empire. — Les munes. — L'Université de — L'industrie, le commer Les États généraux en F — Le Parlement en Angle

PLAN D'ÉTUDES DE LA MÉTHODE LÉVI ALVARÈS

Histoire ancienne. — Histoire de France et Histoire générale,
e et XVIIIe siècles.

Histoire de la civilisation ancienne jusqu'en 476 (vue d'ensemble).

Résumé de l'histoire de la philosophie grecque : Socrate, Platon, . . . et résumé très succinct de la littérature grecque.

Synchronisme de notre histoire générale (*suite*) : histoire de nce et histoire générale, XVIIe et XVIIIe siècles.

PLAN D'ÉTUDES DES LYCÉES

	GARÇONS	FILLES
1re et Philosophie 16 à 18 ans.	*Histoire moderne* : La France sous le règne de Louis XV. — L'Angleterre au XVIIIe siècle. — L'Empire russe... — Politique continentale, coloniale, orientale. — Caractères généraux du XVIIIe siècle. — Louis XVI. — Révolution. — République. — Lutte contre l'Europe. — Empire. — Fin de l'Empire. *Histoire contemporaine* : La Restauration en Europe. — Angleterre jusqu'en 1848. — Le mouvement intellectuel en Europe pendant la première moitié du XIXe siècle. — La Révolution de 1848 et la Réaction. — Le second Empire. — Les Guerres nationales. — La question d'Orient. — L'Eglise catholique. — Le mouvement intellectuel dans la seconde moitié du XIXe siècle. — Transformation de l'industrie et du commerce. — Les puissances européennes en Afrique, en Asie. — Caractères généraux de la civilisation contemporaine. *Histoire ancienne* : Description de l'Italie. — Rome primitive. — La religion. — Conquêtes. — Vie politique. — Les Gracques. Marius et Sylla. — Pompée. — César. — Fin de la République. Auguste. — Les Empereurs. — La civilisation romaine sous l'Empire. — Le christianisme. — Constantin. — Les Barbares. — La Gaule franque. — L'Eglise en Occident. — Rétablissement de L'Empire. — Les Arabes. — L'Empire byzantin du Ve au Xe siècle.	*La civilisation européenne [illegible] derne* : Le XVe siècle. — Gra[illegible] inventions. — La Renaiss[illegible] — La Réforme. — Le XVIIe si[illegible] société, littérature, etc... — Etats nouveaux du XVIIIe si[illegible] L'Ancien régime : Littéra[illegible] arts, économistes, etc... *La civilisation contempor[illegible]* Les principes de 1789. — L[illegible] gime parlementaire en Fran[illegible] Réformes politiques et écon[illegible] ques en Angleterre. — Pro[illegible] des sciences et de l'indu[illegible] etc... — Questions sociale[illegible] — La littérature et les ar[illegible] puis la fin du XVIIIe siècle. *Grandes questions actuel[illegible] politique internationale* : [illegible] ligues et les alliances en Eu[illegible] — La question d'Orient. — [illegible] panslavisme. — Le monde [illegible] sulman. — Le partage de l'[illegible] que. — L'impérialisme a[illegible] cain. — La question d'Extr[illegible] Orient.

PLAN D'ÉTUDES DE LA MÉTHODE LÉVI ALVARÈS

ι *Histoire du moyen âge et histoire moderne. — Histoire de France et* *stoire générale,* XIXe et XXe siècles.

[Histoire de la civilisation du moyen âge et moderne (vue d'en-mble) : les arts, les lettres, les sciences, l'industrie; relations entre] peuples; questions sociales; philosophie; économie politique.

: Synchronisme de notre histoire générale (*suite et fin*) : histoire de ısance et histoire générale, XIXe et XXe siècles.

ENSEIGNEMENT DE L'HISTOIRE

D'APRÈS

LA MÉTHODE LÉVI ALVARÈS

Les meilleures méthodes scolaires ont toujours cherché à établir l'unité dans leurs programmes et, pour cela, elles ont pris pour base et pour centre une des spécialités de leurs études ; pour Pestalozzi, c'était le calcul, pour le Père Girard, la langue maternelle, pour Lévi Alvarès, c'est l'histoire à laquelle il rattache sans cesse le travail nécessaire à la connaissance de la langue maternelle.

Il y a, là aussi, tous les éléments d'un développement complet d'éducation progressive : Faits, exposition des faits par la langue maternelle, comparaison des faits, conséquence morale ou philosophie des faits, c'est-à-dire voir, comparer, juger, exprimer.

L'histoire caractérise chacun des degrés de l'enseignement depuis les classes élémentaires jusqu'aux classes supérieures, ainsi :

A sept ans, l'Histoire sainte ;
A huit ans, l'Histoire ancienne des peuples d'Orient ;
A neuf ans, l'Histoire grecque ;
A dix ans, l'Histoire romaine ;
A onze ans, l'Histoire de France élémentaire ;
Et de douze à dix-huit ans, l'Histoire de France développée et l'Histoire générale.

L'étude de l'histoire, d'après la méthode de Lévi Alvarès, peut se diviser en deux périodes :

1° Période élémentaire, de l'âge de sept ans à l'âge de douze ans, c'est-à-dire, suivant l'organisation universitaire, des classes préparatoires à la cinquième exclusivement ;

2° Période secondaire, de douze à dix-huit ans, c'est-à-dire, suivant l'organisation universitaire, de la cinquième à la classe de philosophie.

CHAPITRE PREMIER

PÉRIODE ÉLÉMENTAIRE DE SEPT A DOUZE ANS

Le travail de cette première période peut être considéré comme une préparation au degré secondaire où commence vraiment l'étude sérieuse de l'histoire; elle assure au professeur des classes secondaires un auditoire capable de le comprendre. Ce travail porte :

1° Sur *un travail d'ensemble* qui tantôt est une perspective ouverte sur le champ historique que les élèves auront à parcourir, tantôt a le caractère rétrospectif pour que l'enfant n'oublie pas;

2° Sur *une histoire particulière* pour chaque degré (histoire sainte, histoire ancienne des peuples d'Orient, histoire grecque, histoire romaine, histoire de France élémentaire); elle est l'objet d'études et d'exercices très divers : les faits sont racontés oralement ou par écrit, ils sont analysés au point de vue chronologique, moral, géographique, etc..., de manière à exercer sans cesse l'enfant à s'exprimer, à observer, à se rendre compte, à juger, etc...

Ce double travail, dès le début de l'enseignement historique, n'est autre chose que la méthode scientifique elle-même d'analyse et de synthèse, très rudimentaire encore, sans doute, qui dirige l'esprit à la recherche de la vérité ; on comprend alors toute l'influence qu'il doit avoir sur la culture générale de l'intelligence des enfants si une sage pédagogie sait le diriger.

PREMIER DEGRÉ : DE SEPT A HUIT ANS.

HISTOIRE SAINTE.

SOMMAIRE : *Histoire sainte. — Tableaux analytiques. Échelle des peuples. — Vicissitudes.*

Des raisons de l'ordre éducatif seules suffiraient déjà à justifier le choix que nous avons fait de l'Histoire sainte d'après la Bible pour les enfants du premier âge ; les épisodes, les récits de la Bible sont, en général, simples, faciles à raconter et conviennent aux enfants, quoi qu'on en dise, tandis que les histoires des peuples modernes offrent, dès leur début, une complexité qui ne se prête guère à une narration enfantine qui ait de la suite.

Mais, disons aussi, avec Victor Duruy : « Dieu, la famille et la patrie, voilà les grandes idées que la Bible enseigne ; qu'on ne s'étonne donc pas si ce sera toujours le livre d'éducation pour les générations qui s'élèvent. »

Les livres. — Les livres de notre bibliothèque classique employés à ce premier degré sont : l'Histoire racontée à la jeunesse[1] (Histoire sainte), le Manuel des peuples, le Tableau synoptique de l'échelle des peuples, le Recueil des tableaux analytiques pour l'étude de l'Histoire[2]. (Chaque élève doit être en possession de ces livres.)

Les leçons. — Autour d'une longue table, sont assis les enfants, devant chacun d'eux est un atlas, un cahier, un crayon ; à l'une des extrémités de la table est le maître ; aux murs de la salle d'études, sont attachés : un grand planisphère, une carte de France, le Tableau synoptique de l'échelle des peuples et, sur un chevalet, le tableau noir où le maître doit tracer à la craie les figures, les tableaux qui parleront aux yeux des enfants.

Le plus ordinairement, la leçon commence par ce que nous avons appelé : *le travail d'ensemble;* il consiste, pour ce premier degré, dans l'étude du Tableau

1. D. Lévi Alvarès avait adopté, pour son enseignement élémentaire, le Cours d'Histoire de M. Lamé-Fleury.
2. Tous ces livres ont été composés par D. Lévi Alvarès et par son fils Théodore Lévi Alvarès, qui en a donné des éditions revues et augmentées.

synoptique de l'échelle des peuples [1] et des Vicissitudes des peuples [2].

Ce Tableau synoptique de l'échelle des peuples présente :

1° La suite des peuples de l'Histoire ancienne, du moyen âge et moderne avec indication, pour chacun de ces peuples, de leur fondateur et du siècle où ils ont été fondés ;

2° Une chronologie élémentaire comprenant les dates des grands événements de l'Histoire ancienne, du moyen âge et moderne et la chronologie des rois de France et des rois d'Angleterre. (Cette seconde partie chronologique ne sera pas employée pour le premier degré, nous la réservons pour les degrés suivants.)

Cette échelle des peuples donne aux enfants la suite chronologique des peuples depuis les plus anciens jusqu'aux plus modernes, c'est une sorte de planisphère historique ; de même que le planisphère présente, aux yeux de l'enfant, l'ensemble du monde divisé en contrées, le Tableau synoptique montre, à ses yeux, les peuples se succédant depuis les premiers temps jusqu'à nos jours.

Le Tableau ne contient que les lettres initiales de

1. Voir *Manuel des peuples.*
2. *Idem.*

chaque nom de peuple et de chaque nom de fondateur, l'enfant est ainsi forcé de se rappeler le nom tout entier quand on lui montre la première lettre.

Supposons que le maître, avec sa baguette, indique successivement, pour les trois premiers peuples, les lettres E, H, A, et, pour les fondateurs, les lettres M, A, G, les enfants diront en chœur :

Égyptiens, fondateur Ménès;
Hébreux, fondateur Abraham;
Assyriens, fondateur Gudea.

(Et ne jamais oublier d'indiquer, sur le planisphère, la situation géographique du peuple.)

A la fin de cette première année le Tableau de l'échelle des peuples doit être très bien su en entier.

Les *Vicissitudes* sont des résumés très succincts des peuples anciens, du moyen âge et modernes; les enfants devront les apprendre par cœur. Il est évident que ces vicissitudes ne seront présentées aux enfants que successivement, degré par degré, avec discrétion, et qu'elles seront l'objet de questions diverses que nous indiquerons en leur temps.

On pourrait faire apprendre, aux enfants de ce premier degré, les vicissitudes des Hébreux, ce serait ainsi un résumé de l'Histoire sainte qu'ils étudient en détail.

Vient ensuite : *le travail particulier*, c'est-à-dire la narration de l'Histoire sainte. On sait que nos Cours d'éducation maternelle n'avaient lieu qu'une fois par semaine pour chaque degré, chaque semaine donc la leçon d'histoire portera sur un chapitre d'Histoire sainte ; le maître fera raconter ce chapitre en procédant, soit par interrogations particulières, en allant d'un élève à un autre, ou en provoquant la réponse par cette question : « Quel est celui ou celle qui veut raconter ? » (Les enfants qui veulent parler lèvent alors la main et le maître choisit.)

On laissera à cette narration sa forme tout à fait enfantine, le professeur corrigeant seulement les fautes de langage trop grossières ; elle ne sera certainement pas toujours complète, elle omettra certains faits ou certains personnages. Les enfants qui écoutent seront invités par le maître à signaler eux-mêmes ces omissions ; il dira : « A-t-on oublié quelque chose en racontant le chapitre ? » (Rappelons que toujours, l'atlas doit être ouvert devant les enfants.)

Une fois le fait historique raconté, le travail d'analyse commencera, c'est alors qu'on emploiera les Tableaux analytiques. Ces tableaux décomposent chaque chapitre des différentes Histoires de cette manière : siècle, ou temps où s'est passée l'action, événements, ou diverses circonstances de l'action, hommes ou personnages qui ont accompli l'action, sentiments et idées qui ont déterminé l'action, objets qui ont servi à l'action ou qui ont été remarqués dans l'action, géographie, ou endroit où s'est passée cette action, c'est-à-dire la géographie toujours inséparable de l'histoire.

Cette décomposition des faits se continuera à chaque degré, pour chaque histoire particulière, pendant toute la durée de l'enseignement élémentaire.

DEUXIÈME DEGRÉ : DE HUIT A NEUF ANS.

HISTOIRE ANCIENNE DES PEUPLES DE L'ORIENT.

SOMMAIRE : *Histoire ancienne des peuples de l'Orient. — Tableaux analytiques. — Echelle des peuples. — Vicissitudes. — Tableaux synchroniques.*

Cette histoire sera nécessairement un peu plus compliquée que la précédente et la narration en sera plus difficile pour les enfants ; mais les difficultés grandissent avec l'âge et, tout en laissant à l'exposition qu'ils feront du fait historique sa forme enfantine, il faudra leur faire mieux comprendre la nécessité d'enchaîner les faits et de les exposer avec clarté.

Les livres. — Les livres de notre bibliothèque classique employés à ce second degré sont : l'Histoire racontée à la jeunesse (Histoire ancienne des peuples d'Orient), le Manuel des peuples, le Tableau synoptique de l'échelle des peuples, le Recueil des tableaux analytiques pour l'étude de l'histoire, le Tableau synchronique. (Chaque élève doit être en possession de ces livres.)

La leçon. — Le caractère de la leçon sera, pour ce degré, le même que pour le premier degré, elle commence toujours par le travail d'ensemble.

Les enfants, nous l'avons dit, doivent savoir imperturbablement l'Echelle des peuples au moyen du Tableau synoptique, dont nous avons parlé; cette connaissance de l'Echelle des peuples permettra des exercices de ce genre :

Combien de siècles entre la fondation des Romains et celle des Grecs ? des Macédoniens et des Carthaginois ? des Français et des Allemands ? des Russes et des Prussiens ? etc., etc... Ou bien encore : de tel peuple av. J.-C. et de tel peuple ap. J.-C. ?... (Même exercice pour les fondateurs.)

Les vicissitudes des peuples, qui avaient été seulement commencées au premier degré par celle des Hébreux, seront continuées à ce second degré (Egyptiens, Assyriens, Mèdes, Phéniciens, Grecs, etc.). Ces vicissitudes, bien sues, permettront déjà des questions ainsi posées aux enfants :

De quels peuples anciens pourriez-vous me parler ? — Vous me parlez des Hébreux, quel est leur fondateur ? — Dans quel pays ont-ils été esclaves ? — Qui les a fait sortir d'esclavage ? — Dans la Judée, par qui sont-ils gouvernés ? — Qu'arriva-t-il après le règne de Salomon ? — Après la captivité, quel roi permit aux Hébreux de retourner en Palestine ? — Sous quel empereur romain les Hébreux sont-ils dispersés ? — Vous me parlez des Grecs, en combien d'âges peut-on diviser l'histoire des Grecs ? — Vous me parlez des Romains, en combien de parties peut-on diviser l'histoire des Romains ? — Nommez les premiers rois de Rome ? etc., etc...

On le voit, par l'étude de ces vicissitudes, de degré en degré, jusqu'à la fin de l'enseignement élémentaire, c'est-à-dire jusqu'à douze ans, les enfants auront des notions très sommaires, sur tous les peuples de l'Histoire ancienne, du moyen âge et moderne.

Vient ensuite le travail particulier, c'est-à-dire la narration, chapitre par chapitre, de l'histoire ancienne des peuples d'Orient, avec la décomposition, au moyen des Tableaux analytiques, de la même manière que nous l'avons indiqué au premier degré.

Ce travail particulier se trouvera augmenté, dans ce

deuxième degré, d'un exercice nouveau : le *synchronisme* par siècle. Nous aurons, en effet, maintenant, deux histoires en présence : l'Histoire sainte, apprise dans le premier degré et l'histoire d'Orient, apprise à ce second degré ; il sera intéressant alors de mettre en regard les événements qui se passent simultanément, dans les deux histoires. (Ce synchronisme ne sera possible qu'à partir du VIIIe siècle, c'est-à-dire au moment où commencent les temps historiques.)

Ce travail de synchronisme s'élargira peu à peu puisqu'il se compliquera chaque année d'une histoire nouvelle : synchronisme d'histoire sainte et d'histoire d'Orient; puis, pour les autres degrés : synchronisme d'histoire sainte, d'histoire d'Orient et d'histoire grecque; plus tard : synchronisme d'histoire sainte, d'histoire d'Orient, d'histoire grecque et d'histoire romaine et enfin, ce travail si important, si fécond, qui met en présence tous les événements accomplis chez tous les peuples, dans le même temps, se continuera dans l'enseignement secondaire, c'est-à-dire jusqu'à la fin des études historiques[1].

Nous donnons, dans le tableau suivant, un exemple du synchronisme à ce degré :

1. Voir le Tableau synchronique à la fin du Recueil des Tableaux.

Tableau synchronique.

SIÈCLES.	HISTOIRE SAINTE.	HISTOIRE ANCIENNE.
VIIIe	Guerre de Salmanasar, roi d'Assyrie, contre Osée, roi d'Israël. 718. Fin du royaume d'Israël.	713. Règne de Séthos, en Égypte. Fin du premier empire d'Assyrie.

Après chacun des chapitres de l'Histoire ancienne des peuples d'Orient, le maître dira : « Quels sont les événements qui se passent en Judée, à la même époque ? Racontez ces événements. »

(Nous ne saurions trop rappeler que l'atlas doit être ouvert devant les élèves qui doivent suivre sur la carte la marche des événements qu'ils racontent.)

TROISIÈME DEGRÉ : DE NEUF A DIX ANS.

HISTOIRE GRECQUE.

SOMMAIRE : *Histoire grecque. — Mythologie. — Causeries sur l'Histoire de France, des commencements jusqu'à Henri IV. — Tableaux analytiques, etc.*

L'Histoire grecque, qui fait l'objet de l'étude de ce troisième degré, est difficile à exposer avec la simplicité, dans la forme et dans le fond, qui convient à des enfants de cet âge (de neuf à dix ans, selon le plan d'études de notre méthode, ou de onze à douze ans, suivant le plan universitaire). C'est la civilisation occidentale qui commence : mœurs, politique, littérature, arts, sont les éléments complexes d'une vie nouvelle et intense dont le sens échappe nécessairement à de si jeunes esprits.

Cependant l'Histoire grecque sera, pour les enfants, d'un grand intérêt, si l'on sait la dépouiller de tout ce qu'elle peut avoir de trop sérieux et leur offrir le tableau si émouvant, si animé de la vie de ce peuple admirable ; on ne craindra pas alors, à côté des faits, de faire la part des légendes, en les choisissant avec goût et discrétion.

Les livres. — Les livres de notre bibliothèque classique employés à ce troisième degré sont : l'Histoire racontée à la jeunesse (Histoire grecque), le Manuel des peuples, le Tableau synoptique de l'échelle des peuples, le Recueil de tableaux pour l'étude de l'Histoire, le Tableau synchronique, le Petit Musée mythologique. (Chaque élève doit être en possession de ces livres.)

La leçon. — Le caractère de la leçon est le même que pour les degrés précédents.

Le travail d'ensemble, à ce troisième degré, consistera en une revision de l'Echelle des peuples. On commencera à apprendre quelques Vicissitudes du moyen âge : Français, etc...

Le travail particulier sera le même que pour les degrés précédents : narration, interrogations, décomposition au moyen des Tableaux analytiques. Il faudra donner, pour l'Histoire grecque, plus d'importance à la chronologie, tout en n'attirant l'attention des enfants que sur les dates principales.

Le synchronisme comprendra : l'Histoire sainte, l'Histoire ancienne des peuples d'Orient et l'Histoire grecque.

On pourrait commencer, à ce degré, quelques exercices écrits, soit en demandant la réponse à des questions proposées, soit par une petite narration développant un sujet facile.

Il sera excellent de mettre, sous les yeux des enfants, des illustrations, des croquis, des photographies reproduisant les chefs-d'œuvre de l'art grec ; on pourra déjà leur faire remarquer la supériorité de tout ce qu'a produit le génie grec, en le comparant aux images qui représentent les statues, les monuments de l'antiquité égyptienne et assyrienne. Il serait intéressant aussi de conduire les enfants dans les galeries de nos Musées du Louvre, en causant avec eux.

Nous croyons utile de commencer, avec l'Histoire grecque, quelques notions de la mythologie, non pas par une narration suivie, mais en présentant aux enfants, dans ce que nous appelons Petit musée mythologique (1re partie), une suite de tableaux qui peignent avec la plume, en quelque sorte, les épisodes importants de la Fable. Nous donnons, dans une seconde partie, l'explication rapide de ces tableaux.

Il est temps de dire aux enfants quelques mots de notre Histoire nationale, mais ce sera seulement une esquisse, une vue d'ensemble, en réservant au cinquième degré le développement de cette histoire.

QUATRIÈME DEGRÉ : DE DIX A ONZE ANS.

HISTOIRE ROMAINE.

Sommaire : *Histoire romaine.* — *Mythologie* (suite). — *Causeries sur l'Histoire de France de Henri IV à nos jours* (suite et fin).— *Tableaux analytiques, etc.*

Rendre l'Histoire romaine accessible aux enfants n'est pas une tâche facile. S'en tenir aux récits de Rollin est impossible aujourd'hui, et d'un autre côté, suivre de trop près, même sommairement, le développement historique de la cité romaine d'après la critique moderne, serait dépasser de beaucoup ce qui convient seulement à cet âge. Le plus sage serait de parler simplement, dans l'ordre chronologique, des épisodes les plus remarquables et des personnages les plus célèbres. D'ailleurs, d'après le plan de notre méthode historique, nous n'avons pas à trop nous hâter puisque l'étude de l'antiquité a sa place à tous les degrés de notre enseignement secondaire.

Les livres. — Les livres de notre bibliothèque classique, employés à ce quatrième degré, sont : l'Histoire racontée à la jeunesse (Histoire romaine), le Manuel des peuples, le Tableau synoptique de l'échelle des peuples, le Recueil de tableaux pour l'étude de l'Histoire, le Tableau synchronique, le Petit musée mythologique. (Chaque élève doit être en possession de ces livres.)

La leçon. — Le caractère de la leçon est le même que pour les degrés précédents.

Le travail d'ensemble, à ce quatrième degré, consistera en une revision de l'Echelle des peuples. On achèvera les Vicissitudes des peuples du moyen âge et on commencera quelques Vicissitudes des peuples modernes. On commencera aussi la chronologie des événements principaux de l'histoire dans le Manuel des peuples et au moyen du Tableau de l'Echelle des peuples ; ce Tableau contient les dates et l'élève doit, quand on lui montre une date, dire l'événement qui y correspond.

Ces dates trouvaient souvent leur place dans nos exercices de calcul ; exemple :

Combien d'années entre la fondation de Rome et l'expulsion des Tarquins ? — Combien d'années entre la prise de Rome par les Gaulois av. J.-C., et la chute de l'empire romain d'Occident, ap. J.-C. ? — Prenez le quart de la date de la première Croisade ? — Divisez la date de la mort de Charles le Téméraire, par la date de la prise de Jérusalem par Titus ? etc., etc.

Le travail particulier sera le même que pour les degrés précédents : narration, interrogations, décomposition au moyen des Tableaux analytiques.

Le synchronisme comprendra : l'Histoire sainte, l'Histoire d'Orient, l'Histoire grecque et l'Histoire romaine.

On continuera, à ce degré, les exercices écrits, en leur donnant une plus grande importance.

Nous recommandons, comme nous l'avons fait, dans le degré précédent pour l'Histoire grecque, de mettre, sous les yeux des enfants, des illustrations, des croquis, des photographies reproduisant le costume, les armes, les monuments de l'architecture romaine, etc. On continuera l'explication des Tableaux du Musée mythologique.

Fin des causeries sur l'Histoire de France, de Henri IV à nos jours.

CINQUIÈME DEGRÉ : DE ONZE A DOUZE ANS.

HISTOIRE DE FRANCE ÉLÉMENTAIRE.

SOMMAIRE : *Histoire de France élémentaire. — Tableaux analytiques. — Chronologie.*

Jusqu'à présent, nous n'avions parlé aux enfants de notre Histoire nationale que fort sommairement, soit par le résumé succinct des Vicissitudes, soit dans les causeries des quatrième et troisième degrés. Nous leur donnons, à ce cinquième degré, une Histoire de France, élémentaire encore sans doute, mais qui permettra des narrations suivies et des exercices variés, comme dans les degrés précédents.

Les livres. — Les livres de notre bibliothèque classique, employés à ce cinquième degré, sont : l'Histoire racontée à la jeunesse (Histoire de France), le Manuel des peuples, le Recueil des tableaux pour l'étude de l'histoire, les Énigmes historiques, l'Histoire universelle ou Explication des énigmes. (Chaque élève doit être en possession de ces livres.)

La leçon. — Le caractère de la leçon est le même que pour les degrés précédents.

L'intervention du professeur, à ce degré, sera plus nécessaire : il aura à donner des développements plus nombreux et plus sérieux, à aider la mémoire des élèves par des tableaux généalogiques, synoptiques, chronologiques, qu'il tracera sur le tableau noir.

Le travail d'ensemble, à ce cinquième degré, consistera en une revision de l'échelle des peuples ; on achèvera les Vicissitudes des peuples modernes. La Chronologie des événements principaux de l'Histoire sera terminée, on y ajoutera les avènements des rois de France et d'Angleterre. Nous recommandons des exercices particuliers sur la dernière partie de la chronologie : une date donnée, l'élève devra dire quel est le roi de France et d'Angleterre qui régnaient à ce moment ? — En quelle année tel roi est-il monté sur le trône ? — En quelle année est-il mort ? — Combien de temps a régné tel roi de France ou tel roi d'Angleterre ? etc.

Le Tableau synoptique de l'Echelle des peuples et de la chronologie doit donc avoir été étudié avec soin et doit être su entièrement à la fin des études élémentaires ; on ne le perdra jamais de vue, il sera constamment placé sous les yeux des jeunes étudiants. C'est une sorte de ***gamme historique,*** qui rappelle sans cesse à la mémoire les grands événements, les grandes dates de l'histoire.

Quant aux Vicissitudes des peuples anciens, du moyen âge et modernes, elles doivent être sues presque par cœur et les élèves seront sans cesse exercés à passer de l'une à l'autre avec une grande sûreté de mémoire.

Le travail particulier sera le même que pour les degrés précédents : narration, interrogations, décomposition au moyen des Tableaux analytiques. On continuera les exercices écrits, les sujets de narrations seront pris, soit dans l'Histoire de France, soit dans l'Histoire ancienne.

Des lectures seront conseillées dans les livres en dehors de notre bibliothèque classique, dans des Histoires de France élémentaires, choisies, indiquées par le professeur ; nous recommandons tout particulièrement les *Récits et Biographies historiques* de MM. Dhombres et Monod.

Comme dans les degrés précédents, on mettra, sous les yeux des enfants, des images représentant les grands événements de l'Histoire de France, les portraits des hommes célèbres, etc...

Aux Énigmes mythologiques succèdent, à ce degré, les Énigmes historiques, c'est l'histoire en tableaux, c'est un musée où chaque tableau excite l'élève à en connaître le sujet et à en demander l'explication et le développement. Ces explications et ces développements font l'objet de ce que nous appelons l'Histoire universelle.

OBSERVATIONS SUR LE DEGRÉ ÉLÉMENTAIRE

Avant d'aborder le programme de notre enseignement secondaire, rendons-nous compte, en les résumant, des connaissances historiques que nos élèves ont acquises pendant la période des études élémentaires de sept à douze ans.

Il nous semble utile de rappeler d'abord que notre enseignement historique est adapté aux conditions, toutes spéciales, de nos cours d'éducation maternelle; il est donc particulièrement destiné aux jeunes filles et, sous ce rapport, il devait rester dans le cadre qui convient à l'instruction des femmes. D'un autre côté, on le sait, nos cours n'avaient lieu qu'une fois par semaine, pendant deux heures, le temps réservé alors à l'histoire était donc nécessairement restreint; nous n'avons pas ici à montrer comment cette étude se liait intimement aux autres études et surtout à la grammaire et à la géographie, pour le degré élémentaire, et plus tard, à la littérature et aux beaux-arts et aussi tout ce que cette association, cet enchaînement pouvaient apporter aux connaissances historiques elles-mêmes d'originalité et d'élévation.

Ce n'est pas non plus le moment d'aborder une question, plus importante et plus délicate, mais qu'il est bon de signaler dès à présent : à nos cours, nous l'avons dit plusieurs fois, *un seul maître* dirigeait les études, donnait *une impulsion unique* au développement intellectuel. A nous en tenir au degré élémentaire, de sept à douze ans, c'est-à-dire pendant cinq ans, nous ferons remarquer combien cette *direction unique* [1], possible seulement peut-être à organiser dans l'enseignement libre, qui suivait ainsi les mêmes enfants, d'âge en âge, de degré en degré, dans l'évolution, dans l'épanouissement de leur esprit et dans l'acquisition des notions premières pour chaque spécialité, devait donner d'heureux résultats.

Il y aurait là à traiter un sujet pédagogique qui a été souvent l'objet de préoccupations et de critiques sérieuses, mais, en définitive, et en réservant toutes ces considérations, si attachantes au point de vue de l'éducation et de l'instruction, ne nous occupons, en ce

1. Voir, sur la question de l'unité de l'enseignement historique, le remarquable article de M. Roger Lévy, professeur au lycée du Havre, dans la *Revue universitaire* du 15 octobre 1910. — Voir, sur la même question, l'art. de M. Baret, *Revue universitaire*, 15 juin 1895.

moment, que du programme historique élémentaire, dont nous avons donné le développement et suivons-le dans le résultat de ses applications successives.

Nous donnons une série de questions auxquelles doivent pouvoir répondre les élèves de douze ans, studieux et intelligents, qui ont été dirigés d'après les principes de notre méthode ; il nous semble que, de cette manière, on se fera une idée plus nette de l'état de leurs connaissances historiques, au moment où vont commencer pour eux les études secondaires.

PREMIÈRE SÉRIE : TRAVAIL D'ENSEMBLE.

Questionnaire historique élémentaire. — Notions préliminaires. Vicissitudes des peuples.

Qu'est-ce que l'Histoire ?

Que veut dire ce mot ?

En combien de parties divise-t-on l'Histoire ?

Comment peut-on arriver à connaître ce qui s'est passé il y a longtemps ?

Qu'appelle-t-on tradition orale ?

De quelle manière peut-on encore connaître ce qui s'est passé autrefois ?

Qu'appelle-t-on hommes primitifs ?

Comment la manière dont ils vivaient peut-elle nous être connue ?

Que reste-t-il encore de cette vie primitive ?

Comment les hommes arrivèrent-ils peu à peu à se civiliser ?

Qu'appelle-t-on sociétés, peuples, nations ?

Qu'est-ce que le gouvernement dans la famille, dans la société ?

Nommez les différentes sortes de gouvernement : monarchie, république, etc. ?

Celui qui est seul chargé du gouvernement, ne prend-il pas différents noms : roi, empereur, czar, etc... ?

Qu'appelle-t-on chronologie ?

Comment divise-t-on l'histoire par rapport à la naissance de J.-C. ?

Dites les trois grandes parties de l'histoire en indiquant les siècles ?

Qu'est-ce que l'histoire contemporaine ?

Qu'appelons-nous Echelle des peuples ?

Quels sont les peuples dont l'histoire est peu connue en Asie, en Europe, en Afrique ?

Nommez les peuples anciens dont l'histoire est connue, en disant leur fondateur et le siècle de leur fondation ?

Nommez les peuples du moyen âge en disant leur fondateur et le siècle de leur fondation ?

Nommez les peuples modernes en disant leur fondateur et le siècle de leur fondation.

N'est-ce pas en Asie que vous trouvez les premiers peuples dont l'histoire soit intéressante ? Nommez ces peuples.

Résumez l'histoire des Hébreux ou Juifs; par qui furent-ils gouvernés successivement ?

Quel roi d'Assyrie prit Jérusalem et emmena les Juifs en captivité ?

Combien d'années dura cette captivité ?

Qu'est-ce que les Assyriens dont vous me parlez ?

En combien de périodes peut-on diviser l'histoire d'Assyrie ?

Nommez quelques rois d'Assyrie ?

Quel est le roi de Perse qui mit fin à l'empire d'Assyrie ?

Cyrus ne soumit-il pas d'autres peuples ?

Dites quelques mots sur les Mèdes et sur les Lydiens qui furent aussi soumis par Cyrus ?

Dites quelques mots sur les Perses ?

Quel est le roi de Perse qui soumit l'Egypte ?

Quel Pharaon régnait alors en Egypte ?

Qu'appelle-t-on Pharaon ?

Quel est le premier Pharaon fondateur de l'Egypte ?

Dites quelques mots sur les Egyptiens ?

Quels sont les peuples anciens d'Asie, plus rapprochés de la Méditerranée, que ceux dont vous venez de parler ?

Quel est le caractère du peuple phénicien ?

Quelles sont les principales colonies phéniciennes ?

Quel est le peuple d'Asie qui eut à soutenir une longue guerre contre les Grecs ?

Ne voit-on pas plus tard encore ce rapprochement, ce contact des peuples d'Europe avec l'Asie, c'est-à-dire avec l'Orient, dans l'histoire des Perses et dans celle des Egyptiens ?

Quel est le fondateur des Grecs ?

En combien d'âges peut-on diviser leur histoire ?

Auquel de ces quatre âges appartient Périclès et pourquoi cet âge est-il remarquable ?

Quels sont les principaux peuples de la Grèce et dites un mot sur chacun d'eux ?

Quels sont ceux de ces peuples qui eurent des législateurs remarquables ?

Quels sont ceux qui furent gouvernés par des rois ?

Chez lesquels trouvons-nous le gouvernement de la République ?

Comment s'appelaient les magistrats chez les Athéniens ? Chez les Corinthiens ?

Trouvez un peuple gouverné conjointement par deux rois ?

A quel moment la royauté finit-elle à Athènes ?

Après quelle grande guerre les Athéniens sont-ils soumis aux Lacédémoniens ?

Quelle fut la cause de la guerre du Péloponèse ?

Dans quel siècle les Grecs tombent-ils sous la domination des Romains ? En quelle année ?

A cette époque, quel était le gouvernement des Romains ?

Les Romains furent-ils toujours en république ?

Nommez les rois de Rome ?

Quelles sont les principales conquêtes des Romains pendant la république ?

En quelle année détruisirent-ils Carthage ?

Comment appelle-t-on les guerres entre Rome et Carthage ?

Combien compte-t-on de guerres puniques ?

Quel est le grand général carthaginois ?

A quelle bataille Annibal est-il vaincu par Scipion ?

Par quel général romain Carthage est-elle détruite ?

Quel gouvernement succéda à la république, chez les Romains ?

Quel fut le premier empereur ?

Quel est le grand événement qui s'accomplit sous le règne d'Auguste ?

Sous quel empereur mourut Jésus-Christ ?

Sous quel empereur, saint Pierre, un des disciples de Jésus-Christ, établit-il le Saint-Siège à Rome, commencement de la puissance temporelle des Papes ?

Quelles sont les causes de la décadence de l'Empire ?

Sous quel empereur Byzance devint-elle la capitale de l'Empire ?

Résumez l'histoire des Romains ?

En quelle année les Barbares envahirent-ils l'empire romain ?

Nommez les principaux peuples barbares qui envahirent l'empire romain en citant leurs chefs ?

Sur les ruines de l'empire romain vont s'établir et grandir peu à peu des peuples, des Etats nouveaux ; ce sont ces Etats qui vont constituer ce qu'on appelle : d'abord, l'histoire du moyen âge (476-1453); puis l'histoire moderne (1453 à nos jours). Dites quels sont les trois éléments qui servirent à constituer les peuples du moyen âge (église, féodalité, royauté) ?

Nommez les peuples du moyen âge en donnant le siècle de leur fondation et le nom de leur fondateur ?

En quelle année peut-on faire commencer l'histoire moderne ?

Nommez les peuples qui appartiennent à l'histoire moderne en donnant le siècle de leur fondation et le nom de leur fondateur ?

Papes.

Que signifie le mot Pape ?

Quel fut le premier évêque de Rome ?

Depuis quand le nom de Pape a-t-il été donné à l'évêque de Rome ?

Qu'appelez-vous pouvoir temporel des Papes et quand commence ce pouvoir ?

Pourquoi Grégoire VII est-il remarquable ?

Sous quel Pape commencèrent les Croisades et en quelle année ?

Sous quel Pape la guerre des Albigeois et en quelle année ?

Quels sont les deux événements importants sous le pontificat de Clément V ?

A quelle famille appartenait le pape Léon X ?

Quels sont les grands faits à signaler sous le pontificat de Léon X ?

En quelle année la Réforme de Luther ?

En quelle année la réforme religieuse d'Angleterre et sous quel Pape a-t-elle lieu ?

En quelle année la réforme du calendrier et sous quel Pape ?

Quel est le Pape qui fut surnommé le pâtre de Montalte ?

En quelle année les Français envahirent-ils les Etats de l'Eglise sous la première République ?

Quels sont les Papes qui furent conduits prisonniers en France ?

En quelle année le Saint-Siège recouvre-t-il ses possessions et à quel Congrès ?

Dites quels furent les successeurs du pape Pie VII ?

En quelle année Pie IX est-il forcé de fuir de Rome ?

Par qui fut-il rétabli ?

Quel est le Pape actuel (1911) ?

Français.

Quel est le premier roi de France et en quelle année monte-t-il sur le trône ?

Quelles sont les dynasties qui ont successivement gouverné les Français ?

Quels sont les événements importants sous les Mérovingiens ?

Qu'est-ce que c'était que Charles Martel ?

A quelle bataille vainquit-il les Sarrasins et en quelle année ?

En quelle année finissent les Mérovingiens ?

Quel est le roi le plus remarquable des Carlovingiens ?

Quels sont les grands événements qui s'accomplissent sous les Capétiens ?

Quand commencent les Croisades ? Quand finissent-elles ?

Dites les principales Croisades en donnant quelques détails sur chacune d'elles ?

Qu'est-ce que la féodalité et dites les raisons de ses luttes avec la royauté ?

Pourquoi le règne de Louis VI est-il remarquable ?

Qu'appelle-t-on Communes ? quelle classe nouvelle apparaît avec les Communes ?

Quelle est la grande victoire remportée par Philippe-Auguste ?

Qu'est-ce que la croisade des Albigeois et quels sont les princes qui jouèrent un rôle pendant cette croisade ?

La royauté ne prend-elle pas, sous saint Louis, une influence nouvelle ?

Montrez les considérables agrandissements du pouvoir royal sous Philippe III ?

Quel caractère nouveau prend la royauté sous Philippe IV ?

En quelle année les premiers Etats généraux ?

Qu'appelait-on légistes et nommez les principaux légistes sous le règne de Philippe IV ?

Parlez des relations de Philippe IV avec l'Eglise ?

Qu'appelle-t-on captivité de Babylone dans l'histoire de la Papauté ?

Qu'appelle-t-on procès des Templiers sous Philippe IV ?

Qu'appelle-t-on loi salique et quand cette loi trouve-t-elle son application ?

Qu'appelle-t-on guerre de Cent ans ?

Quelles sont, pendant cette guerre, les grandes batailles qui furent malheureuses pour la France ?

Qu'est-ce que le traité de Troyes ?

Sous quel règne la France fut-elle délivrée des Anglais et parlez de Jeanne d'Arc ?

Comment la France se réorganise-t-elle sous Charles VII ?

Sous quel règne la monarchie française s'affranchit-elle définitivement de la féodalité ?

En quelle année meurt Charles le Téméraire ?

Sous quels rois eurent lieu les guerres d'Italie ?

Quand finissent-elles ?

Quels furent, pour nous, les résultats heureux de ces guerres ?

Parlez des guerres contre la maison d'Autriche ?

Parlez des principales batailles de ces guerres ?

Quel est le traité qui termine vraiment les guerres d'Italie ?

Quelles guerres civiles désolèrent la France sous les Valois ?

En quelle année la Saint-Barthélemy ?

En quelle année l'Edit de Nantes ?

Quelles sont, sous les Valois, les grandes découvertes qui eurent une influence sur les progrès de la civilisation ?

Qu'appelle-t-on Renaissance sous François Ier ?

De quelle année à quelle année règnent, en France, les rois de la famille des Bourbons ?

Sous quel règne éclate la Révolution de 1789 ?

En quelle année meurt Louis XVI ?

Quel gouvernement succède à la royauté de Louis XVI ?

En quelle année les Etats généraux sont-ils convoqués à Versailles ?

Quelles sont les Assemblées politiques depuis la Constituante jusqu'au Consulat ?

Comment le Consulat pacifie-t-il et organise-t-il la France ?

En quelle année Napoléon est-il nommé empereur ?

Après quel traité l'Empire est-il à son apogée ?

A quelle époque les Bourbons remontent-ils sur le trône et avec quel prince ?

Dites les successeurs de Louis XVIII jusqu'à la Révolution de 1848 ?

Quel gouvernement succède à celui de Louis-Philippe ?

Quel prince est d'abord président, puis empereur, sous quel nom et en quelle année ?

Quel est le caractère du règne ?

Quelles sont les guerres malheureuses de la fin du règne de Napoléon III ?

Quel gouvernement lui succède après sa déchéance ?

Quel est le premier président de la troisième République ?

Nommez les successeurs de M. Thiers jusqu'à nos jours (1911) ?

Origines généalogiques.

Quels sont les droits au trône de : Pépin le Bref ?

Hugues Capet ?

Philippe VII de Valois ?

Louis XII ?

François Ier ?

Henri IV ?

Louis-Philippe ?

Lombards.

D'où venaient les Lombards ?

Quel est leur premier roi ?

En quelle année Pépin le Bref leur enleva-t-il l'exarchat de Ravenne ?

Quel fut leur dernier roi et par qui fut-il vaincu ?

Pendant quelles grandes luttes du XIIe siècle devinrent-ils indépendants ?

Pour qui étaient les Gibelins ? — les Guelfes ?

En quelle année la bataille de Novare et quelle en fut la conséquence pour la Lombardie ?

Depuis quelle année la Lombardie fait-elle partie du royaume d'Italie ?

Espagnols.

Quels sont les deux peuples qui occupèrent l'Espagne au VIe et au VIIIe siècle ?

Quel est l'événement qui, au XVe siècle, réunit l'Aragon à la Castille et commença vraiment l'histoire de l'Espagne ? — en quelle année ?

En quelle année les Maures sont-ils expulsés de l'Espagne ?

Quand commence à régner la maison d'Autriche et quel fut le souverain le plus remarquable de cette famille ?

Quels furent les successeurs de Charles-Quint jusqu'à Charles II ?

Quelle est la famille qui monta sur le trône d'Espagne après Charles II ?

Quelle est la reine de cette famille qui fut renversée du trône en 1868 ?

En quelle année son fils Alphonse XII monte-t-il sur le trône ?

Quel est le roi qui règne aujourd'hui (1911) et qui a-t-il épousé ?

Quelles sont les familles qui régnèrent en Espagne, depuis le XVIe siècle jusqu'à nos jours ?

Arabes.

Quel fut le législateur des Arabes ?

Quelle religion fonda-t-il et en quelle année ?

Que veut dire islamisme ?

Quelles furent les conquêtes des Arabes sous Mahomet et, après sa mort, sous ses califes ou successeurs ?

Sous la domination de quels peuples tombèrent-ils aux XVIe et XVIIe siècles ?

Quels sont les principaux califats qui gouvernèrent les Arabes ?

En quelle année fut fondé le califat de Cordoue et par qui ?

En quelle année est-il démembré ?

En quelle année fut fondé le califat d'Egypte et par qui ?

En quelle année et par qui fut-il renversé ?

Quelles sont les villes qui furent le siège du califat d'Orient ?

Où régnèrent les Omniades et en quelle année ?

Quand commence ce califat d'Orient et quand finit-il ?

Parmi les califes de la famille des Abassides, quels sont les plus remarquables ?

Maures.

Que signifie le mot Maures ?

En quel siècle passèrent-ils en Espagne avec les Arabes ?

Ne faut-il pas distinguer, en Espagne, la période des Arabes de la période des Maures ?

Le califat de Cordoue n'est-il pas arabe et sous qui atteint-il son plus haut degré de magnificence ?

Le royaume de Grenade n'est-il pas maure ?

En quelle année les Maures furent-ils chassés d'Espagne et quel fut leur dernier roi ?

Suédois.

A quelle époque l'histoire de la Suède devient-elle importante ?

En quelle année la révolution qui plaça Gustave Wasa sur le trône ?

Quelles sont les familles qui régnèrent en Suède depuis Gustave Wasa ?

Quel fut le roi le plus remarquable de la famille des Deux-Ponts et en quelle année ?

Comment fut-il surnommé ?

Quelles furent ses victoires sur les Russes ?

En quelle année et où fut-il vaincu ?

Quels sont les rois remarquables de la famille de Holstein ?

Quel prince français fut adopté par Charles XIII et lui succéda ? — sous quel nom ?

Quels furent ses successeurs ?

Quel roi de cette famille est aujourd'hui sur le trône (1911) ?

Anglais.

Qu'appelle-t-on heptarchie et par qui fut-elle fondée ?

En quelle année Egbert est-il nommé roi d'Angleterre ?

Quelles sont les familles qui ont gouverné l'Angleterre jusqu'à nos jours et dites la date de leur avènement au trône ?

Quels sont les événements les plus remarquables de l'histoire d'Angleterre ?

Qu'appelle-t-on Guerre des Deux-Roses et en quelle année ?

En quelle année le schisme religieux et sous quel roi ?

En quelle année règne Elisabeth ?

Sous quel règne eut lieu la première révolution d'Angleterre et en quelle année ?

En quelle année la seconde révolution et sous quel règne ?

En quelle année l'indépendance des Anglo-Américains ?

Quel roi est aujourd'hui sur le trône (1911) ? à quelle famille appartient-il et à qui a-t-il succédé ?

Écossais.

Quels furent les premiers habitants de l'Ecosse ?

Vers quelle année l'Ecosse tomba-t-elle sous la domination romaine ?

Quels sont les deux peuples qui occupèrent l'Ecosse après les Romains ?

Quel est le roi qui réunit les deux couronnes des Scots et des Pictes et commença vraiment l'histoire de l'Ecosse ?

Quels sont les prétendants au trône dont les luttes ensanglantèrent l'Ecosse ?

En quelle année la famille des Stuart monte-t-elle sur le trône et avec quel prince ?

Jusqu'à quelle année cette famille se maintint-elle sur le trône ?

En quelle année Anne Stuart, reine d'Angleterre, réunit-elle l'Ecosse à l'Angleterre ?

Russes.

A quelle race appartiennent les Russes ?

Quelles sont les familles qui gouvernèrent la Russie ?

Quelle est la famille la plus remarquable ?

Quel est le prince de cette maison qui tira la Russie de son obscurité ?

Quelles furent, sous son règne, les bornes de la Russie ?

Quelle grande victoire remporte-t-il sur les Suédois ?

Quelle est l'impératrice remarquable de la famille de Holstein Gottorp ?

Quels sont les partages de la Pologne qui profitèrent à la Russie ?

Pourquoi le règne de son petit-fils Alexandre Ier est-il remarquable ?

Nommez les successeurs d'Alexandre Ier jusqu'à nos jours ?

Quel est l'empereur qui règne aujourd'hui (1911) et de qui est-il le fils ?

Slaves.

Quels sont les trois peuples qui appartiennent à la race slave ?

Allemands-Autrichiens.

Comment s'appelait anciennement le pays qu'occupent aujourd'hui les Allemands ?

Par qui les Saxons furent-ils vaincus et convertis au christianisme ? — en quelle année ?

A quelle époque la Germanie fut-elle séparée de la France ?

Quel fut le dernier roi carlovingien et en quelle année meurt-il ?

Quel fut le premier roi d'Allemagne et en quelle année fut-il élu ?

A quelle famille appartenait-il ?

Quelles sont les familles qui ont régné en Allemagne ?

Quels sont les souverains remarquables de la famille de Saxe ?

Quel souverain de la famille de Franconie se signala par ses démêlés avec Grégoire VII et à quelle occasion eurent-ils lieu ?

Quel est le souverain le plus remarquable de la famille de Souabe-Hohenstaufen ?

Quelles luttes troublèrent le règne de ses successeurs ?

Quel fut le dernier roi de cette famille et combien dura l'interrègne ?

Quel prince fut nommé empereur après l'interrègne ?

Quelles sont les familles qui ont donné quelques successeurs à Rodolphe de Habsbourg ?

Nommez un des successeurs d'Albert II sous lequel eut lieu la Réforme de Luther ?

De qui Charles-Quint tenait-il son double droit sur l'Espagne et sur l'Allemagne ?

Quelles sont les deux branches de la famille de Habsbourg ?

Quand finit la famille d'Autriche espagnole ?

Quels sont les événements importants pendant le règne de la famille d'Autriche allemande ?

Parlez de la Guerre de Trente ans ?

Qu'est-ce que la Pragmatique Sanction ?

Parlez de la guerre de la Succession d'Autriche ?

Quel prince épouse Marie-Thérèse et quelle famille monte avec lui sur le trône ?

Par quel traité se termine la guerre de la Succession et en quelle année ?

Quelle fut la cause de la guerre de Sept ans ?

Quel est le traité qui la termine ?

Pourquoi le règne de Joseph II est-il remarquable?

Dites les dates des trois partages de la Pologne ?

Que devint l'empire d'Allemagne après les conquêtes de Napoléon et quels noms prit-il successivement ?

Quel titre prit l'empereur d'Allemagne François II ?

Qui a-t-il pour successeur et quand l'empire prend-il le nom de Autriche-Hongrie ?

En quelle année et dans quelles circonstances l'empire germanique se relève-t-il ?

Quel est le pays qui profite de ce relèvement?

Quel est l'empereur régnant aujourd'hui (1911) ?

Danois.

Quels étaient les peuples qui habitaient primitivement le Danemark ?

Quelle reine réunit sous son sceptre les trois couronnes de Danemark, de Suède, de Norvège et en quelle année?

Quel est le roi de Danemark actuel (1911) et à quelle famille appartient-il ?

Norvégiens.

Quand la Norvège se trouve-t-elle réunie sous la même couronne que le Danemark et la Suède ?

A quelle époque la Norvège fut-elle unie à la Suède ?

Quand s'en sépare-t-elle et quel roi règne aujourd'hui (1911) ?

Polonais.

Quelle est, en Pologne, la famille la plus remarquable qui ait régné ?

En quelle année s'éteignit la famille des Jagellons ?

En quelle année la couronne devint-elle élective ?

Quel prince français fut nommé roi de Pologne et en quelle année ?

Citez d'autres rois qui ont régné en Pologne ?

En quelle année les trois démembrements de la Pologne, et au profit de quels Etats ?

Depuis quelle année le royaume de Pologne a-t-il cessé d'exister et de quel pays fait-il aujourd'hui partie (1911) ?

Hongrois.

Quel est le premier roi hongrois et en quelle année ?

Quel est le roi de Hongrie qui épousa une sœur de Philippe-Auguste ?

En quelle année les Hongrois s'insurgent-ils contre l'Autriche et sous quels généraux ?

En quelle année la Hongrie est-elle réunie, comme royaume, à l'Autriche ?

Napolitains.

Quel fut le premier duc de Naples et roi de Sicile ? En quelle année ?

De quelle famille descendait Roger II ?

A qui le pape Urbain IV donna-t-il la Sicile en 1254 ?

En quelle année les Vêpres siciliennes ?

Qu'est-ce que Mazaniello ?

En quelle année les Bourbons d'Espagne montent-ils sur le trône de Naples et de Sicile et avec qui ?

Jusqu'en quelle année règne cette famille ?

En quelle année le royaume des Deux-Siciles est-il réuni à l'Italie ?

Portugais.

Quel est le premier roi de Portugal et en quelle année monte-t-il sur le trône ?

Dites les familles qui régnèrent en Portugal après la famille de Bourgogne capétienne ?

Nommez les rois remarquables dans la famille d'Aviz ?

Quel est le navigateur qui, le premier, double le cap

de Bonne-Espérance, en quelle année et sous quel roi de cette famille ?

En quelle année la domination espagnole en Portugal ?

Quand finit-elle ?

Quel est le roi qui monte sur le trône en 1640 ?

Nommez quelques-uns de ses successeurs ?

Quel est le gouvernement actuel du Portugal (1911) ?

Suisses.

En quelle année la Suisse se révolte-t-elle contre l'Allemagne et avec qui ?

Quel duc de Bourgogne fut vaincu par les Suisses et à quelles batailles ?

En quelle année les Suisses embrassent-ils le protestantisme ?

Quel est le traité qui reconnut l'indépendance de la Suisse ?

Turcs.

En quelle année et avec qui les Turcs s'emparèrent-ils de Constantinople ?

En quelle année la Grèce fut-elle détachée de l'empire turc et devint-elle indépendante ?

Quels sont les États qui en furent aussi détachés en 1878 par le traité de Berlin ?

Quel est le sultan qui règne aujourd'hui (1911) ?

Anglo-Américains.

Quel est le navigateur qui découvrit l'Amérique et en quelle année ?

D'où vient le nom d'Amérique donné au continent découvert par lui ?

Quelles sont les colonies formées par les Anglais dans l'Amérique du Nord et sous quel règne ?

En quelle année ces colonies se rendirent-elles indépendantes de l'Angleterre et avec qui ?

Quel fut le premier président de la nouvelle république ?

Quel est, aujourd'hui (1911) le président des Etats-Unis ?

Hollandais et Belges.

Après la domination espagnole, en quelle année et par quel traité l'indépendance de la Hollande fut-elle reconnue ?

En quelle année la Hollande fut-elle constituée en république batave ?

Que devint la Hollande sous Napoléon Ier ?

En quelle année la Hollande fut-elle annexée à la Belgique et quel royaume forment-elles ?

Quel en fut le premier roi ?

Quand furent-elles de nouveau séparées ?

Quel est la reine actuellement sur le trône de Hollande (1911) ?

Quel est, après la séparation de 1830, le premier roi de Belgique ?

Quel est le souverain qui règne aujourd'hui (1911) ?

Prussiens.

En quelle année la Prusse fut-elle constituée en monarchie ?

Quel en fut le premier roi ?

Nommez un de ses successeurs dont le règne fut glorieux ?

Quel est le successeur de Frédéric-le-Grand qui fut vaincu par Napoléon ?

Quel est le roi de Prusse qui devint empereur d'Allemagne et à la suite de quelle guerre avec la France ?

Quel est actuellement l'empereur d'Allemagne (1911) ?

Sardes.

Quel fut le premier roi de Sardaigne et en quelle année ?

Quel est celui de ses successeurs qui devint roi d'Italie et en quelle année ?

En quelle année Rome devint-elle capitale de l'Italie ?

Quel est le roi d'Italie actuel (1911) ?

Grecs modernes.

En quelle année éclate la révolution qui délivre les Grecs modernes de la domination des Turcs ?

Quels sont les événements principaux de cette révolution ?

Quel est le poète anglais qui mourut au siège de Missolonghi ?

En quelle année la Grèce fut-elle reconnue indépendante ?

Par qui la Grèce est-elle d'abord gouvernée ?

En quelle année meurt Capo d'Istria ?

En quelle année la Grèce est-elle érigée en royaume et quel fut son premier roi ?

Quel en est le souverain actuel (1911) ?

Chronologie : Rois de France.

Nommez les rois de France depuis Pépin-le-Bref ?

Dites l'avènement et la mort de chaque roi depuis Pépin-le-Bref ?

Dites la date des avènements sans nommer les rois et aussi rapidement que vous pourrez ?

Un roi, donné au hasard, dites son avènement et sa mort.

Un roi donné, dites la durée de son règne.

Une date quelconque donnée, dites le roi de France alors sur le trône, ainsi : quels sont les rois qui régnaient en 800, 912, 1066, 1214, 1431, 1492, 1525, 1648 ? etc., etc...

Quel est le règne le plus court ?

Quel est le règne le plus long ? etc., etc...

(*Même travail pour les rois d'Angleterre.*)

Chronologie générale : grands événements.

Depuis le VIIIe siècle, une date donnée, dites l'événement ?

Un événement donné, dites la date ?

Combien d'années entre tel événement et tel autre événement av. J.-C. ou ap. J.-C. ?

Combien d'années entre un événement av. J.-C. et un événement ap. J.-C. ? etc...

OBSERVATIONS SUR LE QUESTIONNAIRE HISTORIQUE

On pourrait, au premier abord, ne pas comprendre ou mal comprendre le questionnaire qui précède et trouver que ces éléments d'histoire, ainsi dispersés, peut-être utiles par leur variété, restent cependant sans lien, sans enchaînement dans l'esprit des enfants.

Le chaos n'est-il pas un peu partout dans ces jeunes intelligences qui commencent seulement à s'ouvrir aux choses de la science. C'est à nous, professeurs, qu'il appartient de faire pénétrer la lumière dans ces obscurités, de mettre l'ordre au milieu de ces connaissances disparates, de vivifier, par la parole, la lettre morte des livres classiques.

C'est là préparer, chez les jeunes gens et chez les jeunes filles, l'unité morale et intellectuelle qui est le but suprême de l'école secondaire. Un maître habile pourra donc tirer un excellent parti des acquisitions faites jusqu'ici par les élèves de nos Cours élémentaires.

Une leçon, sous forme de simple causerie, entre le maître et les élèves, en réservant à ceux-ci le rôle le plus actif, serait, il nous semble, le moyen le plus simple et le plus sûr de rendre attrayant un exercice historique sur des faits et des dates, restés jusqu'alors sans intérêt pour eux.

D'après notre système d'éducation, nous l'avons dit déjà, un seul et même maître a dirigé les études pendant toute la durée du cours élémentaire de sept à douze ans. Supposons que le maître, à la fin de cet enseignement historique, qui a duré cinq ans, réunit autour de lui ses élèves et résume avec eux ce qu'ils ont appris.

Les élèves sont supposés pouvoir répondre sans hésiter aux questions du professeur qui ne porteront d'ailleurs que sur ce qu'il est persuadé être su.

PREMIER PROJET DE CAUSERIE HISTORIQUE

Mes chers enfants, voilà longtemps, cinq ans, que nous travaillons ensemble et que nous nous occupons de cette science qu'on appelle l'histoire. Vous avez maintenant douze ou treize ans et nous allons, quittant les études élémentaires commencer ce qu'on appelle les études secondaires qui seront bien plus sérieuses que celles que nous avons faites jusqu'ici, mais que vous êtes très disposés à comprendre.

Avant d'aborder ces études, résumons un peu, dans des causeries familières, ce que nous savons ; si vous répondez bien à mes questions, c'est vous qui aurez la meilleure part dans nos entretiens.

Le Professeur : Dites-moi d'abord ce que l'on entend par histoire ?

Réponse des élèves. —

Le P. : Sans doute, c'est un récit, c'est aussi un tableau, pour ainsi dire, car on peut peindre les faits que l'on raconte, avec les mots, bien entendu ; il y a des historiens qui sont de grands narrateurs, d'autres qui sont de grands peintres. Et que veut dire le mot histoire lui-même ?

R. —

Le P. : Très bien, car il faut rechercher les faits et les raconter ou les peindre, mais ces faits, quand ils ont été accomplis, il y a très longtemps, de quelle manière les connaître ?

R. —

Le P. : C'est cela. Ces faits, ainsi connus, sont-ils accomplis par des hommes isolés ou par des hommes réunis, groupés ?

R. —

Le P. : Bien. Et ces réunions d'hommes, habitant un même pays, parlant une même langue, obéissant aux mêmes lois, comment les appelez-vous ?

R. —

Le P. : Et ces peuples ou ces nations n'ont-ils pas des noms particuliers ?

R. —

Le P. : Oui, et c'est justement ces peuples, dont les noms sont différents, qui agissent depuis qu'ils sont formés, dont nous allons raconter l'histoire ; mais, ne faut-il pas savoir à quel moment, à quelle époque se sont passés les faits, les événements ?

R. —

Le P. : Et comment appelle-t-on ce chiffre qui indique l'époque où s'est passé un événement ?

R. —

Le P. : Et comment appelle-t-on la science qui enseigne à calculer les dates ?

R. —

Le P. : Chez nous, comment calculons-nous les dates, à partir de quel grand événement ?

R. —

Le P. : C'est vrai : à partir de la naissance de J.-C. et l'on dit : tant d'années av. J.-C., tant d'années ap. J.-C. Dites-moi, par exemple, en quelle année nous sommes aujourd'hui ?

R. —

Le P. : Très bien : en 1911 ap. J.-C. Maintenant que vous m'avez parlé des peuples, des dates, dites-moi en combien de parties on divise l'histoire ?

R. —

Le P. : Très bien. Voyons si vous pourrez déjà placer

des dates ici : cette histoire ancienne, en quelle année finit-elle ?

R. —

Le P. : Oui, en 476 ; av. ou ap. J.-C. ?

R. —

Le P. : Oui, ap. J.-C. Dites-moi de même, les dates où commencent et finissent l'histoire du moyen âge et l'histoire moderne ?

R. —

Le P. : Cette histoire moderne ne prend-elle pas un autre nom quand il s'agit des événements très près de nous ?

R. —

Le P. : Oui, mais cette histoire contemporaine vous en a-t-on parlé ?

R. —

Le P. : Vous me dites non ; réfléchissez : ne savez-vous pas quelque chose de l'histoire de nos jours ?

R. —

Le P. : Très bien ; nous avons dit quels sont les rois qui règnent aujourd'hui chez quelques peuples ; voyons si vous vous les rappellerez : Quel est le roi en Angleterre ? — en Belgique ? — en Italie ? — en Suède ?

R. —

Le P. : Très bien ; vous pourriez même me dire, j'en

suis sûr, les familles des rois dont vous venez de me parler ?

R. —

Le P. : Bien ; mais ceux qui sont à la tête de ce gouvernement de la monarchie, prennent-ils toujours le nom de roi et dites-moi comment on les nomme en Russie ? — en Turquie ? — au Japon ? — en Perse ? — en Abyssinie ? — en Allemagne ?

R. —

Le P. : Oui ; eh bien, tout cela, sans être de l'histoire contemporaine, s'y rapporte cependant puisque tout cela est de nos jours. Bien plus, vous pouvez très bien, si je vous le demande, prendre un peuple à ses commencements et le conduire jusqu'à nos jours. Prenons un peuple, soit dans l'histoire ancienne, soit dans celle du moyen âge, soit dans l'histoire moderne, vous le choisirez facilement puisque vous connaissez tous ces peuples ; voyons d'abord si vous n'avez pas oublié leurs noms, leurs siècles, leurs fondateurs et disons-les ensemble. Je vais me lever et je montrerai sur le planisphère la situation des peuples à mesure que vous direz leur siècle et leur fondateur ; en même temps, l'un de vous va se lever aussi et vous suivra sur le Tableau de l'Echelle des peuples.

R. générale des élèves. —

Le P. : Je suis enchanté que vous n'ayiez rien oublié

de vos premières études ; je puis vous faire remarquer maintenant que ces noms de peuples qui n'étaient pour vous que des mots, quand vous étiez petits, ont aujourd'hui une signification puisque vous connaissez en résumé la vie de ces peuples. C'est donc, pour ainsi dire, le monde tout entier qui vient de s'animer sous ma baguette ; rien de plus intéressant que ces vues d'ensemble. Vous le savez bien, dans un voyage, quand après avoir parcouru les différentes localités, vous gravissez une montagne, les petits détails de la route vous échappent et c'est l'ensemble de ces lieux particuliers que vous saisissez en masse dans ce qu'on appelle un panorama : eh bien, c'est une sorte de panorama historique qui vient de passer sous vos yeux. Habituez-vous ainsi à aller du particulier au général, puis du général au particulier.

A présent, prenons ce peuple dont nous devons résumer toute l'histoire, par exemple, dans l'histoire ancienne : les Egyptiens ; dans l'Histoire du moyen âge : les Français ; dans l'Histoire moderne. les Italiens. Que l'élève qui veut me résumer l'histoire des Egyptiens, lève la main.

R. —

Le P. : Très bien ; qui veut maintenant résumer l'histoire des Français ?

R. —

Le P. : Bien encore; qui veut me résumer l'histoire des Italiens ?

R. —

Le P. : C'est cela : vous le voyez, quand vous me dites que les Egyptiens sont maintenant sous la domination des Turcs et que leur khédive est aujourd'hui Abbas II Hilmi; que les Français sont en République et ont pour président M. Fallières ; que les Italiens ont pour roi Victor-Emmanuel III, ne montrez-vous pas que vous connaissez un peu l'histoire contemporaine ?

DEUXIÈME PROJET DE CAUSERIE

Le Professeur : C'est un plaisir de causer histoire avec vous, en allant d'un temps à un autre temps, des temps les plus anciens, aux temps les plus nouveaux. Vous le voyez, tout s'enchaîne dans l'histoire, tout se tient dans le mouvement qui entraîne les peuples, depuis les temps les plus reculés jusqu'à nos jours, c'est la vie de l'humanité elle-même et, ce qu'il y a de plus intéressant, c'est de sentir que, peu à peu, les hommes, les peuples, à travers les siècles, se perfectionnent moralement, intellectuellement, matériellement: ce perfectionnement successif s'appelle civilisation. C'est absolument comme vous, qui, d'année en année vous avancez vers le mieux, c'est-à-dire que vous faites des progrès, votre esprit se développe en même temps que votre corps par un perfectionnement graduel.

Vous ne pouvez pas sentir tout à fait cette marche de la civilisation des temps anciens aux temps nouveaux, et cependant, essayons de vous la faire au moins pressentir. Prenons les premiers peuples dont nous avons parlé dans ce berceau du genre humain qu'on appelle l'Asie : les Assyriens, les Hébreux, les Perses, les Phéniciens. Ils vous paraîtront d'une grande simplicité dans les quelques lignes qui résument leur histoire, ce sont des civilisations primitives ; au contraire, choisissez quelques peuples moins anciens, en Europe, ou mieux encore des peuples du moyen âge ou de l'histoire moderne : voyez comme les événements se multiplient et comme la vie de ces peuples se complique peu à peu, c'est le signe d'une civilisation qui a pris un plus grand développement. Eh bien, qui voudra, par exemple, me résumer l'histoire des Assyriens ?

(*Un élève lève la main.*) *R.* —

Le P. : Très bien. Qui voudra me faire le même résumé pour les Hébreux ?

R. —

Le P. : Très bien aussi. Qui prendra les Perses ?

R. —

Le P. : C'est cela. Prenons maintenant des peuples

d'une civilisation plus avancée, dans l'histoire ancienne. par exemple, les Grecs ?

R. —

Le P. : Un autre exemple, les Romains ?

R. —

Le P. : Passons maintenant aux peuples du moyen âge et modernes, par exemple, aux Anglais ?

R. —

Le P. : Un autre exemple, les Allemands ?

R. —

Le P. : Dans l'histoire moderne, qui se rappelle l'histoire des Hollandais et des Belges ?

R. —

Le P. : Je suis vraiment enchanté de voir que vous n'avez rien oublié de ce que vous avez appris ; remarquez que c'est justement à cause de cela que j'ai pu encore ajouter à vos connaissances, par quelques réflexions, quelques observations qui vous ont, j'espère, intéressés, et, en vérité, c'est vous qui m'avez inspiré toutes les choses que je vous ai dites.

TROISIÈME PROJET DE CAUSERIE

Le Professeur : Montrons, mieux encore que nous ne l'avons fait jusqu'ici, ce que nos causeries peuvent avoir de varié et d'intéressant en réveillant tous les souvenirs

6

historiques qui se pressent dans notre esprit et dans notre mémoire, comme si nous bavardions. C'est un peu le charme, n'est-ce pas, de ces entretiens intimes, de passer d'une chose à l'autre, sans effort et sans préoccupation, d'y mettre l'ordre et l'harmonie ; un fait amènera un autre fait, une date, une autre date, ici, l'histoire d'un peuple très ancien, là, un événement des temps modernes, rapprochés, comparés par une différence ou par une ressemblance. Toutefois, il y aura, entre ce que nous rappellerons, une sorte d'association qui nous empêchera de rien confondre.

Ce que je désire surtout, c'est de vous préparer à goûter plus tard un des plus vifs plaisirs de l'esprit, celui des lectures historiques, soit dans des ouvrages qui parleront d'une époque, d'un fait, d'un personnage important, soit dans ce qu'on appelle des *Mémoires*, qui sont les souvenirs écrits par un homme, ou souvent par une femme, de tout ce qui s'est passé d'intéressant dans le temps où ils ont vécu.

Maintenant, dans cette course que nous entreprenons à travers l'histoire, prenez un fait, un personnage, une date qui sera notre point de départ.

Plusieurs élèves, presqu'en même temps et avec entrain : De saint Louis ! de 490 avant Jésus-Christ ! de Moïse ! de Christophe Colomb ! de 1648 ! de Marie-Thérèse !

Le P. : Oh ! Oh ! Vous m'embarrassez beaucoup. Eh bien, soit : de Marie-Thérèse. Qu'est-ce que Marie-Thérèse ?

R. —

Le P. : De qui était-elle fille ?

R. —

Le P. : Cet empereur Charles VI, à quelle famille appartenait-il ?

R. —

Le P. : Cette famille de Habsbourg est, n'est-ce pas, une des grandes familles qui ont régné en Allemagne ; quel est le premier empereur de cette famille et en quelle année monte-t-il sur le trône ?

R. —

Le P. : En quelle année Marie-Thérèse succède-t-elle à son père ?

R. —

Le P. : Qui a-t-elle épousé ?

R. —

Le P. : Sa succession au trône n'a-t-elle pas provoqué une grande guerre ?

R. —

Le P. : Quand finit cette guerre de la Succession d'Autriche ?

R. —

Le P. : Très bien. C'est une guerre dont vous ne

pouvez pas connaître encore les détails, mais savez-vous au moins quel est le roi de Prusse qui y prit part ?

R. —

Le P. : Oui. Retenez bien le nom de Frédéric II le Grand, c'est un des grands hommes de l'histoire moderne. Quelle est l'autre guerre qu'entreprit Marie-Thérèse ?

R. —

Le P. : Oui. Et en quelle année ?

R. —

Le P. : Savez-vous qui régnait en France à cette époque ?

R. —

Le P. : Oui. Louis XV. Pourquoi ?

R. —

Le P. : Très bien, parce qu'il monte sur le trône en 1715 et qu'il meurt en 1774. Vous savez très bien l'avènement et la mort des rois de France et cela vous sera d'un grand secours dans vos études historiques ; depuis le XIe siècle la France a un rôle dans tous les grands événements d'Europe et il faut sans cesse y revenir.

Vous me parliez de la guerre de Sept Ans, trouvez-moi d'autres guerres que l'on désigne aussi par le temps qu'elles ont duré ?

R. —

Le P. : Très bien, la guerre de Trente Ans. De quelle année à quelle année ?

R. —

Le P. : En 1618, quel est le roi qui régnait en France ?

R. —

Le P. : Louis XIII, très bien. Et en 1648 ?

R. —

Le P. : Mais Louis XIV régnait-il alors par lui-même ?

R. —

Le P. : Bien : sous la régence de sa mère et de son ministre Mazarin. Connaissez-vous un grand ministre auquel a succédé Mazarin ?

R. —

Le P. : Est-il étranger à la guerre de Trente Ans ?

R. —

Le P. : Trouvez-moi encore une guerre que l'on désigne par le temps qu'elle a duré ?

R. —

Le P. : Très bien : la guerre de Cent Ans. Sous quels rois de France commence-t-elle, se continue-t-elle et finit-elle ? Dites-moi ces rois en donnant leur avènement et leur mort ?

R. —

Le P. : Très bien : Philippe VI, Jean II le Bon, Charles V, Charles VI et Charles VII. Puisque cette guerre est une longue lutte contre l'Angleterre, dites-moi le roi d'Angleterre sous qui elle commence ?

R. —

Le P. : Très bien : Edouard III. A quelle famille appartient-il ? — Ce que je vous demande là vous semblera peut-être un peu difficile parce qu'il faudra vous rappeler alors toutes les familles qui ont régné en Angleterre jusqu'à Edouard III, en donnant la date du commencement de ces familles. Voyons, qui aura le courage de le faire ?

(*Un élève lève la main.*) *R.* —

Le P. : Ah ! cela, c'est très remarquable : oui, les Plantagenets, puisqu'ils ont commencé en 1154 et qu'ils vont jusqu'en 1399. Cela m'encourage alors à vous demander les familles qui ont régné en Angleterre jusqu'aux Plantagenets ?

R. —

Le P. : C'est vraiment très bien. Mais, vous me nommez, chez les Anglais, une famille normande : comment les Normands, établis en France dans notre province, la Normandie, peuvent-ils régner en Angleterre ?

R. —

Le P. : Oui, Guillaume le Conquérant, duc de Normandie, a fait la conquête de l'Angleterre ; vous rappelez-vous en quelle année et quelle victoire il remporta sur le roi d'Angleterre, Harold ?

R. —

Le P. : Ces Normands, depuis quand étaient-ils en France et quel fut leur premier duc ?

R. —

Le P. : Après quel grand siège les Normands s'établissent-ils dans notre pays ?

R. —

Le P. : Oui, le siège de Paris en 886, c'est donc une vraie invasion que firent ces Normands en France ; ce mot, invasion, ne vous rappelle-t-il pas un grand fait à la fin de l'histoire ancienne ?

R. —

Le P. : C'est cela : l'invasion de l'empire romain par les Barbares en 476. Y avait-il longtemps que l'empire romain était fondé ?

R. —

Le P. : Oui, depuis Auguste. Vous rappelez-vous après quelle grande bataille il s'empara du pouvoir ?

R. —

Le P. : Quelle est la reine qui prit part à la bataille d'Actium ?

R. —

Le P. : Oui : Cléopâtre. Reine de quel pays ?

R. —

Le P. : A quelle famille appartenait-elle ?

R. —

Le P. : Vous me parlez des Lagides. D'où vient ce nom ?

R. —

Le P. : Bien : de Ptolémée Lagus, un des généraux d'Alexandre le Grand, roi de Macédoine ; n'est-ce pas aussi un grand conquérant et de quels pays s'empare-t-il ?

R. —

Le P. : Quel est le fondateur des Perses ?

R. —

Le P. : Cyrus n'est-il pas aussi un des grands conquérants de l'antiquité et de quels pays fait-il la conquête ?

R. —

Le P. : Et son fils Cambyse, ne fit-il pas la conquête de l'Egypte à la tête d'une grande armée ?

R. —

Le P. : Vous dites : oui, et je vous vois rire, je ne vous demande pas pourquoi aujourd'hui, parce que nous réservons pour plus tard les narrations historiques. Mais dites-moi l'année de cette conquête de l'Egypte ?

R. —

Le P. : Bien : 525. Voyons comment cette date peut-elle vous rappeler une grande date de l'histoire moderne ?

Plusieurs élèves : 1525, bataille de Pavie.

Le P. : Très bien. Et quels étaient les souverains en présence à cette bataille de Pavie ?

R. —

Le P. : Quel âge avait Charles-Quint à cette bataille ?

R. —

Le P. : C'est cela : vingt-cinq ans; il est né en 1500, il a abdiqué en 1556, il est mort en 1558. De quel secours heureux sera cette habitude de retenir les dates, dans vos études secondaires ! Et à quelle famille appartient Charles-Quint, empereur d'Allemagne ?

R. —

Le P. : Ah ! nous voilà revenus aux fameux Habsbourg ! Cette famille ne se divise-t-elle pas en deux branches à la mort de Charles-Quint ?

R. —

Etc., etc...

Nous pourrions continuer ces Causeries, mais il nous semble que ce qui précède montre suffisamment comment on peut mettre en valeur les connaissances historiques acquises, jusqu'à présent, par nos élèves dans ce travail d'ensemble.

DEUXIÈME SÉRIE : TRAVAIL SUR LES HISTOIRES PARTICULIÈRES

Étude des Histoires élémentaires : Histoire sainte. — Histoire ancienne des peuples de l'Orient. — Histoire grecque. — Histoire romaine. — Histoire de France.

Nous avons distingué, pour chaque degré, deux sortes de travaux : 1° un travail d'ensemble ; 2° un travail portant sur une histoire particulière.

Nous venons de montrer les résultats heureux que peut donner le travail d'ensemble lorsqu'il est bien compris et bien dirigé ; abordons maintenant le travail portant sur chaque histoire particulière. Ce travail, essentiellement analytique, porte sur le fait historique qui vient d'être lu, puis raconté par les élèves, ils tirent de lui, par une observation méthodique, tous les éléments d'un développement intellectuel et moral que doit se proposer une leçon bien faite.

Nous avons déjà parlé, en donnant des explications sur l'enseignement historique au premier degré, de nos Tableaux analytiques et de leur emploi (siècles, événements, personnages, sentiments, objets, géographie [1]). La décomposition des faits, par ces tableaux, ne profitera pas seulement aux études historiques, un habile

1. Voir page 28.

professeur y trouvera l'occasion d'y exercer diversement l'intelligence des enfants ; en présence des personnages, il provoquera des jugements sur leurs actions : « Tel personnage a-t-il bien, a-t-il mal agi ? Pourquoi l'aimez-vous, pourquoi ne l'aimez-vous pas ? — Dites : j'aime tel personnage parce que... je n'aime pas tel personnage parce que... — Que vous rappelle tel sentiment (obéissance, ingratitude, dévoûment, etc...) ? tel objet ? » etc...

Que de moyens de stimuler l'attention, d'éveiller l'émotion, l'admiration, d'habituer à saisir les rapports, de tirer du fait une idée, c'est-à-dire de préparer déjà chez ces jeunes intelligences, la compréhension de l'abstrait.

Certes, le rôle du professeur n'est pas tout entier dans cette gymnastique intellectuelle, il a à donner son attention à tout ce qui est de l'histoire proprement dite, à inventer mille procédés pour faciliter à l'élève l'intelligence du fait historique et à le retenir, à développer le texte du livre classique et cela dans le degré élémentaire avec discrétion, sans en faire une exposition proprement dite, en le laissant inséparable des questions qu'il pose et des réponses qu'il reçoit. Disons-le à ce propos : la leçon, dans l'enseignement élémentaire comme dans l'enseignement secondaire, devrait être employée surtout à activer, à exercer, à ouvrir l'esprit des élèves ; le maître, trop souvent, au contraire, perd un temps précieux à dicter des développements qui se trouvent ou doivent se trouver dans les livres classiques.

Narrations. — Exposé du fait par l'enfant.

La narration, soit écrite, soit orale du fait historique par l'enfant, a une grande importance, elle lui donne l'habitude d'exprimer sa pensée avec suite, netteté, correction, et elle devient, pour l'avenir, une excellente préparation littéraire.

On a beaucoup médit de cette narration historique ; des professeurs, très autorisés par leur science et par leur expérience personnelle, la tiennent pour « une des moins heureuses inventions pédagogiques ».

Nous avouons, quant à nous, ne pas admettre ce jugement sévère pour un travail classique, qui est excellent s'il est bien compris ; M. Anatole Leroy Beaulieu n'a-t-il pas écrit : « La chose la plus nécessaire à la jeunesse, c'est de pouvoir exprimer ce qu'elle pense et exposer ce qu'elle sait. »

D'ailleurs, on peut donner à cet exposé les formes les plus variées, il peut être, tour à tour, une lettre, un dialogue, un portrait, un discours, un tableau, un récit. Le fait historique n'est plus alors qu'une occasion d'exercer l'élève à parler et à écrire et cela dès les classes élémentaires.

CHAPITRE II

PÉRIODE SECONDAIRE DE DOUZE A DIX-HUIT ANS

Nous venons d'exposer notre méthode historique dans ses principes et dans ses applications aux différents degrés des classes élémentaires, en résumant, par une sorte d'inventaire intellectuel, les connaissances historiques de nos élèves. Ces premières notions forment, nous l'espérons, la « trame solide » que demande M. Lavisse, elles sont comme l'ébauche, l'esquisse d'un tableau dont l'achèvement, par la couleur et le relief, deviendra l'œuvre de l'enseignement secondaire.

Nos élèves ont douze ans, ils ont jusqu'à dix-huit ans pour achever les études d'histoire qui leur sont nécessaires, soit qu'ils se présentent au baccalauréat, ou pour l'obtention des divers brevets ; soit qu'ils entrent dans les différentes carrières ouvertes à leur activité.

1° *Rôle de l'Histoire dans notre programme secondaire.*

D'après la méthode Lévi Alvarès, l'Histoire, dans cette période, a un rôle prépondérant. Nous avons vu comment les études historiques recevaient une sérieuse préparation dans la période élémentaire ; ici, elles vont devenir le centre, le foyer vers lequel convergeront toutes les connaissances auxiliaires qui leur appartiennent : géographie, littérature, beaux-arts, sociologie élémentaire, philosophie, c'est-à-dire tous les facteurs de la civilisation dans ses évolutions successives.

Si l'on veut bien se rappeler que nos Cours d'éducation maternelle étaient professés par un seul maître que, sous sa seule impulsion, les mères, les institutrices, les élèves travaillaient au même développement intellectuel, on comprendra que nous soyons arrivés à l'unité de l'enseignement secondaire dont l'œuvre essentielle est cette culture générale qui doit préparer la jeunesse à l'accomplissement de son devoir social.

2° *Caractère général de la leçon pendant cette période secondaire.*

Il semble qu'on pourrait dire, sous une forme un peu trop paradoxale, trouvera-t-on : « plus les études historiques se compliquent, s'élèvent, plus leur enseignement se simplifie dans son mode d'action. » En effet, dans la période élémentaire, que de procédés ingénieux ! que de moyens mnémoniques pour meubler la mémoire de faits et de dates ! que d'exercices multiples d'une méthode rationnelle, pour disposer les jeunes esprits à tout ce qui constitue le travail historique ! Là, le professeur pédagogue a fait son œuvre, vienne maintenant la science plus spécialisée des Cours secondaires, il semble que dès lors il suffise de parler pour instruire : c'est la leçon, mais la leçon avec une importance particulière, le maître, par la verve, l'originalité ou l'élévation de sa parole, par la sûreté de sa critique et de sa méthode, laissera, sur les jeunes esprits, l'empreinte durable de son enseignement, sans nuire toutefois à l'active collaboration des élèves dont les résultats ont été si heureux dans les classes élémentaires ; au contraire, elle sera plus efficace et plus intéressante puisque, pendant ces dernières années de travail classique, les jeunes étudiants apporteront, à ceux qui les dirigent, le concours mieux compris, plus personnel de leur jeunesse studieuse.

A chaque degré, d'ailleurs, la leçon sera modifiée suivant les exigences du programme. Ainsi, dès la première leçon de ce degré secondaire, le professeur pourra résumer, en quelques mots, les connaissances historiques acquises jusqu'à présent et jeter un coup d'œil rapide sur les études qui seront l'objet du cours secondaire ; les élèves écouteront et, pour la première fois, prendront des notes *eux-mêmes*. Ces notes leur serviront à préparer une *analyse écrite* de cette leçon ; un élève pourrait être chargé d'exposer oralement la même leçon.

La partie orale aura, en effet, dans l'enseignement secondaire, une place plus large ; à côté de la nécessité de bien écrire se trouve ici la nécessité de bien parler. Il est temps de faire comprendre aux étudiants que, comme l'a dit M. Lavisse, « le propre de la science française, est de s'exprimer clairement, en bons termes et en bon ordre ».

3° *Les cahiers.*

L'analyse de chaque leçon et les devoirs qui lui serviront de développement seront écrits sur un cahier à part qui conservera ainsi, pendant tout ce degré secondaire, les explications du maître et les devoirs qu'il a donnés.

Un autre cahier, d'un format plus grand, sera réservé aux cartes, aux tableaux synoptiques, généalogiques, synchroniques qui seront le complément nécessaire de la leçon.

Nous recommandons ces *cahiers d'histoire,* ils seront tenus avec le plus grand soin au point de vue de la disposition des tableaux et de l'écriture, qui doit être très lisible. On pourra employer, pour les titres, la *gothique,* pour les mots qui doivent être saillants, la *ronde,* les cartes seront *coloriées,* mises à part ou placées dans le tableau qui contient le texte. Il ne faut rien négliger pour donner, à ce travail écrit, de la correction, de l'harmonie, de l'élégance même ; plus on va, plus on a à regretter, dans les écoles, une négligence déplorable pour tout ce qui est des devoirs écrits, la calligraphie n'est plus l'objet d'études spéciales, les écoliers ne savent plus écrire et alors, plus tard, dans la correspondance, dans la tenue des livres, une écriture défectueuse et illisible.

4° *Les actualités.*

Dans nos Cours élémentaires, déjà, nous avons l'habitude de tenir les enfants au courant des événements du jour ; signale-t-on un fait politique, la mort d'un homme remarquable, une découverte industrielle, scientifique, etc..., nous en disons quelques mots à nos petits élèves, avec discrétion sans doute, en proportionnant les explications à l'âge de nos jeunes auditeurs. C'en est assez pour les habituer à ne pas rester indifférents aux choses qui se passent autour d'eux et aussi à profiter des causeries familiales sur tout ce qui intéresse la vie extérieure.

Ces notions, rudimentaires sans doute, d'histoire contemporaine, qui s'ajoutent au travail classique, lui donnent quelque chose de vivant qui est excellent.

Cette étude de ce que nous appelons les actualités, prend plus d'importance dans la période secondaire et devient l'occasion d'un travail tout spécial.

Prenons pour exemples, deux événements de la fin de l'année 1910 :

1° L'érection en royaume de la principauté de Monténégro (août 1910). — A ce sujet, coup d'œil sur l'histoire du Monténégro, indépendant depuis 1702, érigé en principauté par le traité de Berlin, 1878, en faveur du principe Nicolas Ier, qui avait succédé à son oncle Danilo, assassiné en 1860. Nicolas Ier, proclamé roi en 1910. — Coup d'œil sur les États balkaniques.

2° La révolution en Portugal et la proclamation de la République (5-6 octobre 1910). — Coup d'œil sur l'histoire du Portugal (voir *le Manuel des peuples* et *les Esquisses historiques*). Famille de Bragance : Carlos Ier, assassiné en 1908, a pour successeur son fils Manoël II, détrôné en 1910.

5° *Livres de notre bibliothèque classique qui serviront au développement de nos programmes.*

Les livres de notre bibliothèque classique qui doivent être dans les mains de nos élèves, pendant cette seconde période de notre Cours d'histoire, sont :

1° *Le Manuel des peuples.* — Nous avons déjà pu apprécier l'heureux emploi de ce petit livre dans nos classes élémentaires, il nous sera encore ici d'un grand secours pour la revision des notions déjà acquises ou pour les compléter.

2° *Les Esquisses historiques.* — Aux résumés succincts des Vicissitudes des peuples, dans notre Manuel, les Esquisses historiques ajoutent ce que nous appelons les Précis, qui élargissent le cadre étroit où s'étaient enfermées les Vicissitudes des peuples. Ces précis ne seront plus appris absolument par cœur, les élèves, tout en se rapprochant du texte, s'en serviront plus librement, soit oralement, soit par écrit. De plus, ce livre donne une chronologie plus complète pour chaque peuple d'Europe : souverains, familles, événements...

3° *Nouveaux éléments d'Histoire générale.* — Cet ouvrage présente les événements de l'histoire par siècle et par histoires particulières ; les peuples sont présentés synchroniquement, siècle par siècle, depuis la période historique jusqu'à nos jours, l'élève peut donc comparer les événements, les grands hommes, l'état de la littérature, des beaux-arts, c'est-à-dire de toute la civilisation à une époque donnée.

4° *Histoire de France.* — L'histoire générale ne parle de l'histoire de France, depuis le ve siècle jusqu'à nos jours, que d'une manière nécessairement sommaire, une histoire de France développée était indispensable ; D. Lévi Alvarès l'a composée sur un plan méthodique, en associant une de ses élèves, Mlle Gombault, aux recherches que nécessitait un pareil ouvrage.

5° *Les Énigmes historiques et l'Histoire universelle.* — Les faits, dans l'histoire ont un côté dramatique que leur narration, leur exposition ne met qu'insuffisamment en relief; les peindre frapperait mieux les yeux des élèves, de là l'utilité des figures de toutes sortes, qu'on intercale ordinairement dans les textes. Mais on peut peindre avec les mots, c'est ce qui a donné à D. Lévi Alvarès l'idée du livre qu'il intitule les *Énigmes,* sorte de musée historique.

Les sujets des tableaux qui le composent peuvent ne pas être compris par les élèves, ils peuvent être pour eux une *énigme*, dont ils sont désireux de connaître le mot ; c'est alors qu'ils pourront consulter l'*Histoire universelle* qui donne, avec développement, la réponse aux Enigmes qui stimulent, excitent, éveillent leur curiosité.

6° *Histoire classique des Reines et Régentes de France.* — Cet ouvrage est inséparable de l'Histoire de France ; la plupart des Reines et des Régentes ont trop influé sur les événements politiques pour qu'on ne leur consacre pas un travail spécial. — L'auteur a jeté un coup d'œil sur les femmes qui se sont distinguées dans tous les pays, afin que, dans un seul volume, les élèves eussent la biographie politique et littéraire de la femme.

7° *Les Chroniqueurs français.* — Ces chroniques, traduites en français moderne, conservent néanmoins la naïveté et quelquefois jusqu'à la forme du langage du temps, sans cesser d'être intelligibles pour la jeunesse. On a choisi les passages les plus intéressants, ceux surtout qui peuvent le mieux développer les faits toujours arides et succincts des abrégés d'histoire.

Nous conseillons six exercices pour l'étude de ces chroniques :

Le premier consiste à faire raconter verbalement le texte ;

Le deuxième, à le faire analyser par écrit ;

Le troisième, à n'en présenter que la substance ;

Le quatrième, à le traduire en français moderne ;

Le cinquième, à présenter un tableau synoptique et

méthodique des personnages de chaque chronique ;

Le sixième, à dresser une carte des pays dont la chronique fait mention.

Les élèves trouveront dans ces livres les éléments d'un travail personnel et préparatoire qui leur rendra accessibles et profitables les leçons du maître et les lectures et les recherches propres à étendre le cercle de leurs connaissances historiques.

PREMIER DEGRÉ : DE DOUZE A TREIZE ANS.

1° *Histoire Ancienne,* jusqu'au ve av. J.-C.
2° *Histoire de France* développée et *Histoire Générale* du ve siècle ap. J.-C. au XIVe siècle.
Récapitulation dans le *Manuel des peuples* (Lectures, exercices divers, dates avec développement jusqu'à nos jours, etc...).

1° *Histoire ancienne.* — L'histoire ancienne sera étudiée à différents points de vue jusqu'à la fin de notre enseignement ; au début de ce premier degré, des temps primitifs aux temps historiques, c'est-à-dire jusqu'au VIIIe siècle, époque à laquelle nous commençons le travail synchronique, jusque-là il y a incertitude chronologique [1].

1. Voir *Histoire générale* jusqu'au VIIIe siècle.

Temps primitifs : Commencement du monde selon la Bible.

Hébreux : Servitude en Egypte. — Moïse. — Etablissement dans la Terre promise avec Josué. — Les Juges. — Les Rois : Saül, David, Salomon (mort en 955 ou 960 av. J.-C.). — Schisme (976 ou 974). — Deux royaumes : Juda, avec Roboam, fils de Salomon, cap. Jérusalem et Israël, avec Jéroboam, cap. Sichem, puis Samarie. — Achab et sa femme Jézabel. — Les prophètes : Elie. — Mort d'Achab, 875. — Athalie. — Joas, etc...

Assyriens : Premier roi Gudea (5000 av. J.-C.). — Hamurah (vers 1650). — Téglath-Phalasar (1125 ou 1120 av. J.-C.). — Assur-Nazir-Bal (vers 625), etc.

Egyptiens : Ménès. — Chéops. — Chéphren. — Mycérinus. — Aménemhat III. — Ramsès II ou Sésostris, etc.

Grecs : Premiers habitants de la Grèce : les Pélasges. — Les Hellènes ou Grecs. — Deucalion, fils de Prométhée et sa femme Pyrrha. — Déluge de Deucalion. — Hellen, fils de Deucalion. — Doriens. — Eoliens. — Ioniens. — Achéens. — Les Phéniciens à Argos, leur influence sur les Grecs. — Cadmus fonde Thèbes. — L'Egyptien Cécrops fonde Athènes. — Danaüs en Argolide. — Minos, roi de Crète. — Thésée. — Œdipe, roi de Thèbes. — Etéocle et Polynice. — Les sept chefs devant Thèbes. — Voyage des Argonautes. — Guerre de Troie (épopée, mais aussi déjà de l'histoire). — Homère. — Hésiode. — Les Doriens en Laconie. — Fondation de Sparte par Lycurgue. — Hilotes. — Lois de Lycurgue. — Athènes. — Rois : Codrus. — Archontes.

Romains : Populations primitives en Italie : Italiotes (Latins). — Fondation de bourgades par les Latins (Albe, Tusculum, Gabies, etc...). — Etrusques (Mantoue, etc...)

SYNCHRONISME DU VIIIe SIÈCLE AV. J.-C.[1].

Grèce : Il n'y avait pas en Grèce d'unité apparente, un esprit de rivalité jalouse séparait les cités et cependant, une origine commune, une langue commune, un même sentiment religieux les associaient ; cette association presque nationale se manifesta par les Amphictyonies, ou assemblées religieuses, dont la plus remarquable était celle de Delphes, et aussi par les jeux : Olympiques, Pythiques, Isthmiques et Néméens. Les jeux Olympiques étaient une fête du Péloponèse, ils se célébraient à Olympie, en Elide ; avec Korabos, vainqueur à la course, commence la 1re Olympiade, 776 av. J.-C. — Premières conquêtes de Sparte. — 1re guerre

1. Voir *Histoire générale*, depuis le VIIIe siècle.

de Messénie, 743-723. — Aristodème. — Mort d'Aristodème et prise d'Ithôme, 723. — Guerre entre les Lacédémoniens et les Argiens, 736 —Sparte, qui représente le génie dorien, devient la capitale de la Péninsule. — Athènes, qui résume le génie ionien, va bientôt s'emparer de la suprématie.

Sujets de leçons pour le Professeur : 1° Résumé rapide des premiers temps jusqu'au VIIIe siècle. — 2° Montrer élémentairement encore, en abordant l'histoire de la Grèce, ce que sera le caractère de la civilisation occidentale, en opposition avec ce qui a été le caractère de la civilisation orientale.

Exemples de devoirs pour les élèves : 1° Tableau de la géographie de la Grèce ancienne : on tracera, au milieu du Tableau, la carte de la Grèce ancienne, autour de la carte seront disposées des colonnes réservées à la nomenclature géographique : mers, golfes, caps, fleuves, montagnes, villes, avec quelques mots sur leur situation. — 2° Tableau de la mythologie grecque : une colonne pour les dieux principaux, une autre colonne pour les demi-dieux et les héros.

Rome : Fondation de Rome par Romulus, fils de Rhéa Sylvia, fille de Numitor, roi d'Albe-la-Longue, 753. — Numa, 715.

Leçon du Professeur : Géographie ancienne de l'Italie ; opposer la forme et l'aspect de ce pays à ceux de la Grèce. — A ce propos ; leçon générale de géographie ancienne : Asie, Egypte, etc... Différence dans la direction des chaînes de montagnes, des fleuves, etc.

Devoirs des élèves : 1° Tableau de la géographie de l'Italie ancienne ; le disposer comme celui de la Grèce. — 2° Tableau de la mythologie romaine.

Judée : Après la mort d'Athalie : anarchie. — A Samarie, règne de Jéroboam II (mort en 790). — Les prophètes : Osée, Isaïe. — Prise de Samarie par Sargon, roi d'Assyrie et fin du royaume d'Israël, 721.

Assyrie : Téglath-Phalasar II, 745-726. — Salmanasar V, 726-721. Fin du second empire d'Assyrie. — Troisième empire assyrien : Sargon, 721-704. — Sennachérib, 704.

Egypte : Dynastie de Saïs : Bocchoris. — Sabacon. — Bataille de Raphia, 718. — Séthon. — Expédition de Sennachérib, roi d'Assyrie.

Médie : Premier roi Déjocès. — Fondation d'Ecbatane.

SYNCHRONISME DU VIIe SIÈCLE AV. J.-C.

Grèce : Deuxième guerre de Messénie, 684-668. — Aristomène. — Le poète athénien Tyrtée. — Fondation de Marseille par les Phocéens, 600.

Rome : Tullus Hostilius, 672-648. — Combat des Horaces et des Curiaces, 667. — Ancus Martius, 648-616. — Fondation du port d'Ostie. — Tarquin l'Ancien, 616.

Leçon du Professeur : Les légendes des premiers temps de Rome. — Situation de Rome, ses collines, etc... — Lecture de quelques passages de la tragédie des *Horaces* de Corneille. — Quelques lectures dans *les Promenades archéologiques : Rome et Pompéï*, de M. G.

Boissier. — Le Forum. — *Histoire romaine* de Michelet et de Duruy; quelques lectures.

Devoir des élèves : Narration du combat des Horaces et des Curiaces.

Judée : Manassé, roi de Juda, 697-640. — Mort du prophète Isaïe. — Domination assyrienne jusqu'en 625. — Judith et Holopherne. — Prise de Jérusalem par Nabuchodonosor II, roi d'Assyrie, 606. — Jéchonias.

Egypte : Prise de Thèbes par Assurbanipal, roi d'Assyrie, 665. — Règne de Psammétik Ier, 665-611. — Néchao, 611.

Médie : Mort de Déjocès, 690. — Phraorte. — Cyaxare, 655.

Assyrie : Destruction de Ninive, 625. — Nabopolassar et Nitocris, 625-604. — Nabuchodonosor, 604. — Sa première expédition en Palestine, 602.

SYNCHRONISME DU VIe SIÈCLE AV. J.-C.

Grèce : Athènes : Epiménide, 596. — Solon, 594-559. — Pisistrate, 541-527. — Hippias. Harmodius. Aristogiton. — Fin des Pisistratides, 510. — Révolution de Clisthène. — Triomphe de la démocratie.

Leçon du Professeur : Solon et l'influence de sa législation. Opposer cette législation à celle de Lycurgue.

Devoir des élèves : Biographie de Solon.

Rome : Mort de Tarquin l'Ancien, 578. — Servius Tullius, 578-534. — Les réformes de Servius. — Tarquin le Superbe, 534-509. — Révolution à Rome, abolition de la royauté, 509. — Etablissement de la république, 509. — Consuls.

Lydie : Candaule. — Gygès. — Alyatte. — Crésus.

Perse : Cyrus : son édit qui permet aux Juifs de rentrer à Jérusalem, 536. — Il s'empare de Sardes. — Ses conquêtes sur les villes grecques de l'Asie-Mineure. — La lutte entre les Grecs et les Perses était inévitable. — Cambyse. — Darius, fils d'Hystaspe, organise l'empire perse ; son expédition contre les Scythes, 513. — Démocède. — Hippias se réfugie à Sardes, près d'Artapherne, frère de Darius. — Révolte de l'Ionie.

Leçon du Professeur : Cyrus. — Parler de Xénophon.

Devoir des élèves : Biographie de Cyrus ; suivre ses conquêtes sur la carte.

Judée : Fin du royaume de Juda ; captivité, 587. — Jérémie ; Ezéchiel ; Daniel. — Fin de la captivité, 536. — Esther et Assuérus.

Leçon du Professeur : Lire aux élèves quelques passages de l'*Esther* de Racine.

Devoir de élèves : Lecture d'*Esther* de Racine.

Assyrie : Nabuchodonosor. — Soumission de Tyr, 574. — Embellissement de Babylone. — Mort de Nabuchodonosor, 561 ; ses successeurs, 561-538. — Balthasar ; fin de l'empire de Babylone, 538.

Egypte : Mort de Néchao, 595. — Psammétik, 595-589. — Apriès, 589-569. — Amasis, 569-525. — Importance de Naucratis, à l'embouchure de la branche canopique du Nil. — Conquête de l'Egypte par Cambyse, 525.

2° *Histoire de France et Histoire du Moyen âge.*

Synchronisme du ve siècle ap. J.-C.[1].

Gaule : Francs saliens et Francs ripuaires. — Childéric, roi des Francs saliens. — Clovis, son fils 481-511. — Sa capitale : Tournai. — Bataille de Soissons contre Syagrius, général romain, 486. Clovis transporte sa capitale à Lutèce (Paris). — Clotilde, Tolbiac, 496. — Baptême de Clovis à Reims, 496.

Leçon du Professeur : Etat de la Gaule à l'avènement de Clovis. — Parler de la bataille de Tolbiac et montrer qu'à ce moment commence l'alliance de l'Eglise et de la royauté, en faisant comprendre quelle en sera l'influence sur l'avenir de la royauté. — Les conquêtes de Clovis sur les Francs et, à ce propos, parler de saint Grégoire de Tours.

1. Voir notre *Histoire générale*, depuis le ve siècle ap. J.-C.

Devoirs des élèves: Carte de la Gaule à l'avènement de Clovis, en indiquant la situation des Francs saliens et des Francs ripuaires. — Parler des rois et des guerriers francs. — Récit, par écrit, de la bataille de Tolbiac et parler de sainte Clotilde. — Biographie, par écrit, de saint Grégoire de Tours.

Un élève pourrait être chargé de résumer oralement le règne de Clovis; les autres élèves, après l'avoir écouté, seraient appelés à dire les événements qu'il aura pu omettre. — Expliquer, par écrit, les mots de l'évêque saint Remy, lors du baptême de Clovis : « Courbe la tête, fier Sicambre, adore ce que tu as brûlé, brûle ce que tu as adoré. »

Empire romain d'Occident : Invasion germanique. — Radagaise. — Victoire de Stilicon à Fésules, 405. — Honorius fait assassiner Stilicon, 408. — Prise de Rome par Alaric, 410. — Mort d'Alaric, 410. — Wallia fonde le royaume des Wisigoths au sud de la Gaule, avec Toulouse pour capitale, 419. — Prise de Rome par Genséric, 455. — Odoacre dépose Romulus Augustule, *476*, c'est la fin de l'empire romain d'Occident et la création d'un royaume barbare. — Les Ostrogoths envahissent l'Italie avec Théodoric, 489. — Après le siège de Ravenne, 493, Odoacre et Théodoric se partagent l'Italie. — Assassinat d'Odoacre par Théodoric, 493. — Règne de Théodoric en Italie, 493-526, tentative de gouvernement par un chef barbare ; organisation politique.

Leçon du Professeur: Montrer sommairement l'état de l'Europe en 476 et appeler l'attention des élèves sur la tentative d'organisation politique de Théodoric.

Barbares : Francs. — Burgondes. — Alamans. — Vandales, leur passage en Espagne (Andalousie), leur établissement en Afrique, 430. — Genséric. — Wisigoths. — Ostrogoths. — Hérules.

Leçon du Professeur: Fondation des Etats modernes. — Caractère du Moyen âge.

Devoir des élèves: Tableau synoptique de l'invasion des Barbares et de leur établissement. Carte au centre qui indiquerait l'établissement : des Francs vers la Seine, des Wisigoths vers la Garonne, des Ostrogoths et des Hérules en Italie, des Suèves en Espagne, des Vandales au nord de l'Afrique. Autour de la carte, des colonnes disposées résumeraient l'histoire des invasions.

Synchronisme du VIe siècle ap. J.-C.

France : Clovis. — Bataille de Vouillé, 507. — Mort de Clovis, 511. — Ses fils. — Clotaire Ier, seul roi, 560. — Les fils de Clotaire. — Guerre civile : Chilpéric, roi de Neustrie (Soissons) et ses femmes : Galswinthe et Frédégonde; Sigebert, roi d'Austrasie et sa femme Brunehaut. — Lutte de la Neustrie et de l'Austrasie, 567-597. — Traité d'Andelot, 587. — Mort de Frédégonde, 597.

Leçon du Professeur: Montrer, à partir de Clovis, le déclin de la dynastie mérovingienne. — Parler du traité d'Andelot et en faire comprendre le vrai caractère.

Devoir des élèves: Résumer, par écrit, la lutte de la Neustrie et de l'Austrasie jusqu'à la mort de Frédégonde et mettre en tête du devoir une carte de ces deux pays.

Empire romain d'Orient: Successeurs de Théodose. — Justin Ier, 518-527. — Justinien et Théodora, 527-565. — Fin du royaume Vandale en Afrique, 534. — Bélisaire. — Narsès ; fin du royaume Ostrogoth en Italie, 555. — En Perse, Justinien et Chosroès-le-Grand. — Les Slaves, les Bulgares, et les Avars sur le Danube, 559. — Travaux législatifs de Justinien. — Héraclius, 565-641.

Italie: Lombards : Alboin, 566. — Les Lombards s'établissent au nord de l'Italie. — Autharis élu roi, 584; le reste de l'Italie gouverné par un exarque qui réside à Ravenne, Rome n'est plus capitale, elle n'est qu'une ville de province.

Eglise : L'évêque de Rome accroît son autorité et devient le primat incontesté de l'Italie. — Saint Grégoire le Grand, 590-604; avec lui, l'Eglise fonde son pouvoir temporel en Italie et sa puissance spirituelle sur tout l'Occident, Rome devient la capitale du monde chrétien.

Grande-Bretagne : Fondation de l'Heptarchie par les Anglo-Saxons (Northumbrie, Est-Anglie, Mercie, Kent, Essex, Sussex, Wessex). — Lutte des Bretons contre les Anglo-Saxons envahisseurs. — Les Bretons passent en Armorique (Bretagne). — Les Bretons, chrétiens, propagent en Irlande la foi catholique. — Saint Columban fonde, en Irlande, le monastère de Derry, 545, il fonde l'église nationale d'Ecosse. — Saint Augustin, envoyé par le pape saint Grégoire le Grand, passe en Angleterre et s'établit à Cantorbéry, 597.

Espagne: Royaume des Wisigoths. — Tolède, capitale. — Les rois : Amalaric, 511-531. — Léovigilde, 572-586. — Récarède, 586-601.

Synchronisme du VIIe siècle ap. J.-C.

France: Lutte de Brunehaut contre l'aristocratie austrasienne. — Triomphe de Clotaire II et supplice de Brunehaut. — Concile de Paris, 614. — Dagobert 629-639. — Saint Eloi. — Pépin, maire du palais d'Austrasie. — Samo. — Le règne de Dagobert est l'apogée du royaume mérovingien. — Formation d'une nouvelle noblesse ou aristocratie de fonctionnaires et de propriétaires, possesseurs de la terre (villas). — Les évêques sont les principaux conseillers des rois. — Monastères; clergé régulier. — Conciles : diocésains, provinciaux et nationaux. — Saint Léger. — Ebroïn. — Rois Fainéants; Maires du palais. — Lutte entre la Neustrie, gallo-romaine et l'Austrasie germaine vers la Meuse et le Rhin. — Arnulf. — Pépin le Vieux. — Mort d'Ebroïn. — Pépin d'Héristal, fils d'Ansegisile (fils d'Arnulf) et de Begga (fille de Pépin), chef de la dynastie carolingienne ; il devient le chef unique des trois royaumes francs : Bourgogne, Neustrie, Austrasie, après la défaite du maire neustrien, Berthaire, à Tertry-sur-Omignon, 687.

Leçon du Professeur : Résumer le règne de Dagobert. — Faire comprendre le rôle des maires du palais.

Devoir des élèves : Montrer la décadence mérovingienne depuis Dagobert.

Empire d'Orient : Héraclius. — Soumission de la Perse, 628. — Etablissement des Bulgares dans la péninsule des Balkans, 679.

Arabie : Tribus indépendantes des Arabes et des Bédouins ; éléments religieux différents : monothéisme, judaïsme, christianisme. — La Mecque, centre religieux, avait été fondée par les Koreïchites, tribu arabe qui comprenait deux familles : 1° celle d'Ommia, d'où est sortie la dynastie des khalifes ; 2° celle de Hachem, d'où est sorti Mahomet. — Réforme politique et religieuse de Mahomet, né à la Mecque, 571. — Il épouse la veuve Khadidja ; il prêche une nouvelle doctrine : l'islamisme, 611. — Sa fille, Fatime, épouse Ali. — Hégire ou fuite de Mahomet, 622, à Yatreb, qui prend le nom de Médinet-el-nabi (Médine). — Il s'empare de la Mecque, 630 et en 631, l'Arabie entière lui est soumise. — Mort de Mahomet, 632. — Le Coran. — Premiers khalifes : Abou-bekr, 632-634. — Conquêtes des Arabes. — Guerre sainte. —

Les Ommiades montent sur le trône dans la personne de Moawia, 661-679, qui s'établit à Damas. — Conquête de l'Afrique septentrionale, prise de Carthage, 697.

Leçon du Professeur : 1° L'islamisme, son caractère ; le Coran. Coup d'œil sur la civilisation musulmane au Moyen âge : arts, sciences; parler de l'architecture arabe en la comparant à l'architecture grecque et romaine. — Mosquées.

Devoir des élèves : Tableau synoptique de l'Arabie au VIIe siècle ; au milieu du tableau la carte de l'Arabie et des pays conquis par les Arabes ; dans des colonnes, disposées autour de la carte : vie de Mahomet, ses réformes politiques et religieuses, conquêtes des Arabes, etc., etc., etc., dans l'une de ces colonnes, copier les Vicissitudes des Arabes [1].

SYNCHRONISME DU VIIe SIÈCLE.

France : Mort de Pépin d'Héristal, 714. — Charles Martel, maire du palais, 721-741, sous le roi Thierry IV, 721-737. — Charles Martel gouverne seul et fonde la grandeur de la dynastie carolingienne ; sa victoire sur les Arabes, Poitiers, 732. — Mort de Charles Martel, 741. — Childéric III, 743-751, dernier roi mérovingien. — Pépin le Bref, 752-768. — Sacre de Pépin à Saint-Denis, par le pape Etienne II, 754 ; c'est l'association des deux grandes forces de l'Occident à cette époque : le pouvoir temporel des rois francs et le pouvoir spirituel du Pape. — Pépin, vainqueur d'Astolf, roi des

1. Voir dans le *Manuel des peuples*.

Lombards, donne au pape l'exarchat de Ravenne; ses victoires : sur les Arabes, en Septimanie, en Aquitaine. Saint Boniface, en Germanie. — Charlemagne, 768-814. — Charlemagne couronné empereur par le pape Léon III, 800.

Leçon du Professeur : 1° Tracer sur le tableau noir la généalogie des Carolingiens de Pépin de Landen à Pépin le Bref, 753 ; 2° parler de la *Chanson de Roland* et des principaux personnages de ce poème.

Devoir des élèves : Roland, sa mort.

Arabes d'Occident : Les Arabes du nord de l'Afrique passent en Espagne, avec Tarick qui débarque au promontoire de Calpé (Gibraltar). — Bataille de Xérès, 711. — Etablissement des Arabes en Espagne; ils envahissent la France, mais sont arrêtés à Poitiers, 732. — Fondation du khalifat de Cordoue par Abd-el-Rhaman, 755. — Edris, arrière petit-fils d'Ali, fonde un état indépendant au Maroc, 785-793.

Arabes d'Orient : Sous un des successeurs de de Moawia, Mérouan II, Aboul-Abbas, de la famille des Abassides, soulève la province du Khorassan et se fait proclamer khalife, 750-754; ses successeurs établirent leur capitale à Bagdad : la Perse l'emportait décidément sur l'Arabie. — Haroun-al-Raschid, 786-809.

Empire romain d'Orient : Dynastie des princes Isauriens, 717-813, fondée par Léon III, 717-741. —

Léon III, par un décret, ordonne de détruire les images saintes (icônes) dans les églises, 728; de là : guerre des iconoclastes (briseurs d'images) et des iconodoules (adorateurs d'images), 728-842. — Invasion slave en Grèce, 749. — Irène, 797-802.

Eglise : Grégoire II, 715-731. — Bède le Vénérable. — Léon III, 795-816.

SYNCHRONISME DU IXe SIÈCLE.

France : Suite du règne de Charlemagne; ses relations avec l'empire grec, avec l'Angleterre (Egbert), avec le khalife de Bagdad (Haroun-al-Raschid). — Mort de Charlemagne, 814; caractère de son règne, institutions politiques, Missi dominici, écoles du palais (Alcuin, Eginhard, etc...). — Décadence carolingienne : Louis le Débonnaire, 814-840. — Partage de l'empire, 817. — Abdication de Louis le Débonnaire. Bataille de Fontenay-en-Puisaye, 841. — Traité de Verdun, 843 : origine des nations modernes (France, Allemagne, Italie). — Lothaire. — Charles le Chauve, 875-877. — Edit de Quierzy-sur-Oise, 877 : premier développement de la féodalité. — Louis le Bègue. — Louis III et Carloman. — Charles le Gros, 882-888. — Siège de Paris par les Normands, 886. — Déposition de Charles le Gros, 887. — Désagrégation de l'empire : formation de sept royaumes indépendants. — La maison de France : Robert le Fort, Eudes, 888-898.

Leçon du Professeur : 1° Alcuin : les Ecoles ; 2° Montrer, aux serments de Strasbourg, l'apparition de la langue romane opposée à la langue tudesque.

Devoir des élèves : Carte de l'empire de Charlemagne, autour de la carte, colonnes disposées pour résumer les institutions, l'administration, les écoles, la littérature, etc...

Arabes : Al-Mamoun, 813-833. — Démembrement de l'empire Abasside.

Empire romain d'Orient : Princes de la dynastie arménienne : Léon V, 813-820. — Dynastie macédonienne : Basile Ier, 867-886. — Léon le Philosophe, 886-912. — Premier empire bulgare : Premier tsar, Siméon, 893-907. — Expédition des Hongrois sous leur chef, Arpad.

Angleterre : Fin de l'Heptarchie, 827. — Invasions des Danois. — Alfred le Grand, 871-901.

Eglise : Pouvoir grandissant de l'Eglise. — Hincmar, archevêque de Reims. — Schisme grec : Photius, 867.

Russie : Première organisation politique, 862 (Novgorod, Smolensk, Kiev). — Rurik.

Bohême : Duché de Bohême : Borziwog, 894.

SYNCHRONISME DU Xe SIÈCLE.

France : Etablissement des Normands en France. — Traité de Saint-Clair-sur-Epte, 912. — Hugues Capet, 987.

Devoir des élèves : Tableau généalogique des Carlovingiens, depuis Pépin d'Héristal.

Angleterre : Athelstan, 925-940. — Victor de Brunanburh, 937. — Saint Dunstan, 959-988, donne à l'Angleterre sa première organisation nationale.

Allemagne : Conrad Ier, roi de la maison de Franconie, 911. — Henri l'Oiseleur, 919-936. — Conquête de l'Italie, par Othon le Grand, 962, sacré empereur à Rome, par le pape allemand Grégoire V ; c'est l'empire d'Occident restauré en sa faveur.

Russie : Wladimir, grand duc de Russie, 972-1015, — Introduction du christianisme en Russie.

Hongrie : Fondation du royaume de Hongrie, par Etienne Ier, 997-1038.

Venise : Commencement de la puissance de Venise. — Le doge Pierre Orséolo II prend le titre de duc de Dalmatie, 997.

Espagne : Khalifat de Cordoue. — Abdérame III, 912-960.

Leçon du Professeur : Résumé sommaire faisant bien comprendre aux élèves l'importance du xe siècle en Orient et en Occident. — Biographies des personnages importants en Europe au xe siècle.

Synchronisme du xie siècle.

France : Première Croisade, 1095. — Prise de Jérusalem, 1099. — Fondation de l'ordre des Hospitaliers et de l'ordre des Templiers.

Leçon du Professeur : 1° Importance des Croisades : politique, commerce. — 2° Résumé de la littérature française jusqu'au XIe siècle ; faire apprendre par cœur un fragment littéraire du XIe siècle.

Devoir des élèves : Carte de l'Europe en 1095 et Etats de l'Europe ; autour de la carte disposer des colonnes réservées aux divers Etats d'Europe.

Angleterre : Le Danois Suénon, 1013-1017, reste maître de l'Angleterre. — Canut, 1017-1035. — Edouard le Confesseur, 1042-1066. — Harold, 1066. — Guillaume le Conquérant s'empare de l'Angleterre (bataille d'Hastings, 1066). — Guillaume II le Roux, 1089-1100.

Allemagne : Maison de Franconie Salique, 1024. — Conrad II. — Henri IV, 1056.

Eglise : Sylvestre II, premier pape français, 999-1003 et Otton III, empereur d'Allemagne. — Grégoire VII, 1073-1085 et Henri IV ; Querelle des Investitures. — Concile de Worms, 1076. — Concile de Latran, 1076, Canossa, 1077. — Henri IV sacré empereur par le pape Clément III, 1084. — Robert Guiscard. — Mort de Grégoire VII à Salerne, 1085.

Leçon du Professeur : Guerre des Investitures, bien faire comprendre les prétentions de suprématie de la Papauté.

Devoir des élèves : Biographies de Grégoire VII et d'Henri IV d'Allemagne.

Italie : Les Normands à Naples, 1043. — Les fils de Tancrède de Hauteville. — Robert Guiscard.

Empire d'Orient : Règne d'Alexis Comnène, 1081.

Espagne : Démembrement du khalifat de Cordoue, 1010-1031.

Asie : Fondation de l'empire des Turcs Seldjoucides, 1037. — Son démembrement.

SYNCHRONISME DU XIIe SIÈCLE.

France : Louis VI. — Affranchissement des communes, 1118-1119. — Parlement. — Lutte avec l'Angleterre : bataille de Brenneville, 1119. — Combat contre la féodalité et pour l'Eglise. — Suger. — Louis VII. — Continuation de la lutte contre l'anarchie féodale. — 2e Croisade. — Eléonore d'Aquitaine. — Mort de Suger, 1152. — Eléonore épouse Henri Plantagenet. — Philippe-Auguste, 1180. — 3e Croisade, 1189.

Leçon du Professeur : Bien faire comprendre les Communes et la formation de la bourgeoisie. — Opposer les villes du Moyen âge à la cité antique.

Devoir des élèves : La féodalité depuis son origine jusqu'à Louis VI.

Angleterre : Henri Ier, 1100. — Conquête de l'Irlande par Henri II, 1172. — Règne de Richard Cœur de lion, 1189. — Guerres d'Angleterre.

Allemagne : Mort de Henri IV, 1106. — Henri V. — Concordat de Worms, 1122. — Maison de Souabe, 1138; Conrad III, les Guelfes et les Gibelins. — Règne de Frédéric Barberousse, 1152. — Henri VI et Constance, 1190.

Empire d'Orient : Règne de Manuel Comnène, 1143.

Suède : Eric en Suède, 1155.

Portugal : Fondation du royaume de Portugal, 1139. — Alphonse Henriquez.

Italie : Fondation du royaume de Sicile par Roger II, 1130. — Révolution à Rome, 1143. — Arnaud de Brescia.

Asie : Les Templiers, 1119. — Les Hospitaliers, 1130. — Noureddin. — Saladin. — Prise de Jérusalem, 1187. — Le Vieux de la montagne. — Chevaliers teutoniques, 1191.

Synchronisme du XIIIe siècle.

France : Bataille de Bouvines, 1214. — Règne de saint Louis, 1226-1270. — Croisades. — Philippe le Hardi, 1270-1285.

Leçon du Professeur : Importance du règne de saint Louis. — Prestige de la royauté. — Architecture religieuse : la Sainte-Chapelle. — Joinville et, à ce propos, parler des chroniqueurs. — Lire quelques-uns des entretiens de Joinville et de saint Louis et le départ de la flotte chrétienne au chant du *Veni Creator*. — La poésie au XIIIe siècle ; faire apprendre quelques vers de Thibaut de Champagne.

Devoir des élèves : Tableau qui résumera les Croisades, leur influence politique, commerciale, etc... (1095-1270) ; une colonne pour chaque Croisade [1].

1. Voir dans le *Manuel des peuples*, le résumé des Croisades.

Angleterre : Grande Charte, signée par Jean sans Terre, 1215. — Parlement, 1239. — Deux pouvoirs en présence : le Roi et la Nation. — Henri III. — Simon de Montfort, comte de Leicester. — Provisions d'Oxford, 1258. — Simon, vainqueur à Lewes, 1264, réunit un grand Parlement où les Communes avaient leur place, 1265. — Henri III ressaisit le pouvoir. — Mort de Simon, 1265. — Mort d'Henri III, 1272. — Edouard Ier, 1272-1307. — Conquête du pays de Galles, 1281-1282.

Leçon du Professeur : La Grande Charte. — Etat politique de l'Angleterre comparé à celui de la France.

Devoir des élèves : Biographie de Jean sans Terre.

Empire d'Orient : 4e Croisade, 1204. — Empire latin. — 5e Croisade, 1221. — Michel Paléologue, 1261, nouvel empire grec.

Allemagne : Frédéric II. — Ligue Hanséatique, 1241. — Fin des Hohenstaufen, 1254. — Rodolphe de Habsbourg, 1273.

Italie : Les Visconti à Milan, 1259. — Charles d'Anjou à Naples, 1266. — Vêpres siciliennes, 1282.

Asie : Gengis-Khan, 1215-1227.

DEUXIÈME DEGRÉ : DE TREIZE A QUATORZE ANS.

1° *Histoire Ancienne,* du ve siècle av. J.-C. au 1er siècle av. J.-C.
2° *Histoire de France* développée et *Histoire Générale*, du xive au xvie siècle.
Récapitulation dans le *Manuel des peuples* (suite).

1° *Histoire ancienne* (suite).

SYNCHRONISME DU Ve SIECLE AV. J.-C.

Grèce : Guerres médiques. — Bataille de Marathon, 490. — Miltiade. — Thémistocle. — Aristide. — Xerxès. — Les Thermopyles, 480. — Salamine, 480. — Platée, 479. — Mycale. — Rivalité de Sparte et d'Athènes. — Cimon. — Exil de Thémistocle. — Périclès ; son influence, son gouvernement. — Paix avec les Perses. — Guerre du Péloponèse, 431-404. — Mort de Périclès, 429. — Paix de Nicias, 421. — Alcibiade. — Syracuse. — Expédition de Sicile. — Lysandre. — Ægos-Potamos. — Lysandre s'empare d'Athènes, 404, la grandeur politique d'Athènes disparaît. — Conseil des Trente. — Critias. — Tyrannie des Trente. — Thrasybule délivre Athènes des tyrans, 403.

Leçon du Professeur : Résumé des Guerres médiques ; bien montrer que ces guerres développèrent l'unité nationale de la Grèce et propagèrent la langue et la civilisation grecques en Asie. — Résumer la guerre du Péloponèse. — Dire quelques mots de Thucydide et lire quelques pages de son ouvrage. — Après la prise d'Athènes, jeter un coup d'œil rapide sur l'histoire d'Athènes. — Coup d'œil très élémentaire sur l'état des lettres et des arts à Athènes au ve siècle : architecture, sculpture : Phidias, etc... ; théâtre : Eschyle, Sophocle, Euripide ; comédie : Aristophane. — Etude particulière de Socrate, son enseignement, ses élèves : Platon, etc. — Lire quelques fragments de Sophocle et d'Euripide de manière à faire comprendre la différence du théâtre ancien et moderne.

Devoirs des élèves. — Carte de la Grèce et de l'Asie occidentale, servant aux guerres médiques et à la guerre du Péloponèse ; indication des lieux remarquables par des batailles, des traités, etc... ; biographies des personnages remarquables dans ces deux guerres. — Petites biographies très courtes des littérateurs et des artistes du siècle de Périclès. — Vie de Socrate. — Quelques lectures dans Plutarque, Périclès, V. Duruy, Monod, etc.

Perse : Cunaxa, 401. — Retraite des Dix Mille, 401. Xénophon.

Rome : Retraite du peuple sur le Mont Sacré. — Le Tribunat, 493. — Coriolan. — Les Décemvirs, 451. Loi des douze tables. — Egalité civile et politique : mariages autorisés entre particiens et plébéiens. — La plèbe arrive aux magistratures et au Sénat, 409-400.

Leçon du Professeur : Montrer très élémentairement, le mouvement démocratique opéré à cette époque, le progrès des libertés populaires.

Devoir des élèves : Mettre à part les événements principaux de ce mouvement populaire en indiquant leurs dates.

Synchronisme du IVe siècle av. J.-C.

Grèce : Mort de Socrate, 400. — Agésilas et Lysandre à Sparte. — L'Athénien Conon. — Traité d'Antalcidas, 388. — Puissance de Sparte. — Thèbes. — Epaminondas et Pélopidas. — Bataille de Leuctres, 371. — Mort de Pélopidas, 364. — Bataille de Mantinée ; mort d'Epaminondas, 362.

Sicile : Denys l'ancien à Syracuse, 405-368. — Denys le jeune, 368-358. — Timoléon.

Macédoine : Règne de Philippe, 360-336. — Bataille de Chéronée, 338. — Avènement d'Alexandre le Grand, 336 ; ses conquêtes. — Fin de la monarchie en Perse, 331. — Mort d'Alexandre le Grand, 323. — Généraux d'Alexandre. — Premier partage. — Démétrius Poliorcète et Athènes. — Guerre Lamiaque, 323. — Ere des Séleucides, 312. — Second partage de l'empire d'Alexandre, après la bataille d'Ipsus, 301.

Leçon du Professeur : Montrer l'influence des conquêtes d'Alexandre sur la civilisation en Asie.

Devoir des élèves : Carte des conquêtes d'Alexandre, sa marche et partage de son empire.

Rome : Prise de Véies par Camille, 395. — Exil de Camille, 391. — Prise de Rome par les Gaulois, 390. Première guerre Samnite, 343-341. — Guerre latine,

340-338. — Deuxième guerre Samnite, 328-312. — Fourches caudines. — Troisième guerre Samnite, 311.

Judée : Prise de Jérusalem par Ptolémée Soter, 320.

SYNCHRONISME DU IIIe SIÈCLE AV. J.-C.

Grèce : Anarchie après la mort d'Alexandre. — Ligue étolienne. — Ligue achéenne, 280. — Aratus. — Cléomène. — Invasion des Gaulois, 280-279. — Philopœmen.

Rome : Guerre Tarentine. — Pyrrhus. — Première guerre punique, 264-241. — Victoire des Romains à Télamon, sur les Gaulois, 225. — Siège de Sagonte par Annibal, 219. — Deuxième guerre punique, 218-201. — Batailles du Tessin, de la Trébie, de Trasimène, 217. — Bataille de Cannes, 216. — Capoue, 211. — Scipion. — Bataille du Métaure, 207. — Annibal dans le Bruttium. — Scipion en Afrique. — Bataille de Zama, 202.

Leçon du Professeur : Histoire résumée de Carthage. — Opposer la civilisation carthaginoise à celle de Rome.

Devoir des élèves : Carte de la marche d'Annibal. — Généalogie de la famille des Scipions. — Tableau résumant les guerres puniques, avec carte du nord de l'Afrique, colonies carthaginoises, etc.

Macédoine : Lysimaque. — Antigone. — Philippe III.

Egypte : Règne de Ptolémée Philadelphe, 285. — Ptolémée Evergète.

Parthie : Fondation du royaume des Parthes, 255.

SYNCHRONISME DU IIe SIÈCLE AV. J.-C.

Rome : Flaminius et Philippe V de Macédoine. Bataille de Cynocéphales, 197. — Antiochus III, roi de Syrie. — Guerre avec Antiochus, 192-188. — Bataille de Magnésie, 190. — Mort de Philopœmen et d'Annibal, 183. — Persée, 179-168. — Victoire de Paul-Emile à Pydna, 168. — Réduction de la Macédoine et de la Grèce en province romaine, 146. — Troisième guerre punique, destruction de Carthage, 146. — Scipion-Emilien. — Guerre d'Espagne, 197-133 ; Viriathe. — Destruction de Numance, 133. — Les Gracques, 133-121. — Loi agraire de Tibérius Gracchus, 133. — Numidie : Jugurtha. — Marius en Afrique. — Mort de Jugurtha, 104. — Victoires de Marius sur les Teutons à Aix, 102 et les Cimbres à Verceil, 101. — Les conquêtes de Rome, hors de l'Italie, surtout en Grèce, eurent pour résultats de lui imposer la civilisation des peuples vaincus et de corrompre les mœurs par l'acquisition des richesses ; de là, dans la politique et dans l'état social, des perturbations qui devaient produire les révolutions qui modifieront bientôt la société romaine.

Leçon du Professeur : Après la soumission de la Grèce, influence de l'hellénisme à Rome. — Débuts de la littérature romaine.

Devoir des élèves : Résumer, oralement et par écrit, la leçon ci-dessus ; à ce propos, quelques biographies : Livius Andronicus, Térence, Polybe, etc...

Egypte : Suite des Ptolémées.

Judée : Victoires de Judas Macchabée, 166. — Aristobule, 107.

2° *Histoire de France et Histoire générale* (suite).

SYNCHRONISME DU XIVe SIÈCLE.

France : Philippe IV le Bel. — Progrès de la royauté ; légistes ; féodalité amoindrie. — Etats généraux, 1302. — Boniface VIII. — Les Templiers. — Courtrai. — Mons-en-Puelle. — Institutions sous ce règne. — Louis X. — Philippe V. — Loi salique. — Fin des Capétiens directs. — Avènement des Valois, 1328. — Philippe VI, 1328-1350. — Guerre de Flandre, 1328. — Guerre de Cent ans, 1337.— Crécy, 1346.— Jean II. — Poitiers, 1356. — Jacquerie. — Traité de Brétigny, 1360. — Charles V. — Duguesclin. — Charles IV, 1380. — Les Maillotins, 1382.

Leçon du Professeur : Importance du règne de Philippe IV. — Quelques mots sur les Etats généraux, ce qu'ils deviendront jusqu'en 1789.

9

Devoir des élèves : Tableau généalogique des Capets directs, depuis Robert le Fort et familles qui en dérivent (Bourbons, Valois, Orléans, Angoulême).

Angleterre : Edouard II. — Edouard III. — Richard II. — Lancastre : Henri IV, 1309.

Allemagne : Maison de Luxembourg : Henri VII. — Luttes de la papauté et de l'empire sous Louis de Bavière. — Charles IV, 1347-1358. — Bulle d'or, 1356.

Suisse : Lutte des trois Cantons (Uri, Zurich, Schwytz) contre les princes autrichiens. — Légende de Guillaume Tell. — Bataille de Laupen, 1339. — Confédération suisse.

Devoir des élèves : Carte de la Suisse physique et politique.

Espagne : Castille : Pierre le Cruel, 1350-1369.

Pologne : Les Jagellons.

Italie : Républiques sous les Tyrans : Visconti et Sforza à Milan, Scaliger à Vérone, Malatesta à Rimini, Este à Ferrare, Gonzague à Mantoue, Médicis à Florence, Venise et Gênes. — Rienzi, 1347-1354. — Naples ; Jeanne Ire.

Eglise : Mort de Boniface VIII, 1303. — Clément V, 1309 : les papes à Avignon. — Urbain V. — Retour des papes à Rome avec Grégoire XI, 1377. — Schisme, 1378-1417.

Portugal : Communes, 1279-1325. — Pierre le Justicier, 1357. — Inès de Castro. — Maison d'Avis, sous Jean II, 1383.

Ecosse : Les Stuarts sur le trône d'Ecosse, 1370. — Edouard Baliol et David Bruce, 1395.

Etats du Nord : Union de Calmar, 1397. — Marguerite de Waldemar.

Asie : Les Turcs avec Soliman, à Gallipoli, 1359 ; premier établissement des Turcs en Europe. — Tamerlan chez les Mongols, 1360.

SYNCHRONISME DU XVe SIÈCLE.

France : Charles VII. — Traité de Troyes, 1420. — Jeanne d'Arc à Orléans, 1429. — Pragmatique Sanction, 1433. — Fin de la guerre de Cent ans, 1453. — Louis XI, 1461. — Charles le Téméraire, 1467-1477. Mort de Louis XI, 1483. — Charles VIII. — Guerres d'Italie, 1494. — Traités d'Etaples, de Narbonne et de Senlis, avec les rois d'Angleterre, d'Aragon et Maximilien d'Autriche, 1492-1495. — Charles VIII à Milan, à Florence, à Rome, 1494 ; à Naples, 1495. — Ligue contre Charles VIII. — Bataille de Fornoue, 1495. — Mort de Charles VIII, 1498. — Louis XII.

Leçon du Professeur : Importance du règne de Louis XI : unité de la France sous l'autorité royale. — Résumer l'histoire de la Bourgogne, jusqu'à la mort de Charles le Téméraire ; lecture de quelques passages des ducs de Bourgogne de Barante; Michelet. — Très sommairement l'état de la langue et de la littérature au xve siècle ; faire apprendre un fragment de prose et de vers de cette époque (Christine de Pisan, Charles d'Orléans : le Renouveau, Villon). — Raconter la Farce de Pathelin; lire quelques passages de Comines pour montrer les progrès de la prose.

Devoirs des élèves : Carte de la France à la mort de Louis XI. — Tableau généalogique des ducs de Bourgogne.

Angleterre : Guerre des Deux-Roses, 1452. — Edouard IV. — Edouard V. — Richard III : bataille de Bosworth, 1485. — Henri VII, 1485-1509.

Leçon du Professeur : Résumer l'histoire d'Angleterre depuis la guerre des Deux-Roses jusqu'à l'avènement des Tudor. — Lire, dans *Richard III*, de Shakespeare, l'acte V, depuis la IIIe scène.

Devoir des élèves : Généalogie des York et des Lancastre pour faire bien comprendre la guerre des Deux-Roses.

Espagne : Réunion des royaumes d'Aragon et de Castille, 1474. — Les Maures chassés de l'Espagne, 1492. — Christophe Colomb; découverte de l'Amérique, 1492.

Leçon du Professeur : Parler de la découverte de l'Amérique et dire son influence sur la civilisation en Europe; à ce propos, coup d'œil sur la géographie au xve siècle.

Italie : Les Médicis à Florence. — Guerres d'Italie, 1494.

Leçon du Professeur : Les Médicis; généalogie de la famille.

Eglise : Décadence de l'église.

Turquie : Bataille d'Ancyre, 1400. — Prise de Constantinople par Mahomet II, 1453.

Allemagne : Les Hussites, 1415. — Règne d'Albert II d'Autriche, 1438.

Hongrie : Mathias Corvin, 1458.

Leçon du Professeur : Résumé rapide de l'histoire du Moyen Age qui finit en 1453. — Quelques mots sur le caractère général du Moyen Age. — Etat politique de l'Europe en 1453.

Devoir des élèves : Carte de l'Europe en 1453.

TROISIÈME DEGRÉ : DE QUATORZE A QUINZE ANS.

1° *Histoire ancienne*, du Ier siècle av. J.-C. au Ve siècle ap. J.-C.
2° *Histoire de France* développée et *Histoire générale*, XVIe siècle.

1° *Histoire ancienne* (suite).

Synchronisme du Ier siècle av. J.-C.

Rome. — Guerre sociale, 90-88. — Marius et Sylla. — Guerre Pontique, 88. — Succès de Mithridate en Asie, en Grèce, 88. — Siège d'Athènes par Sylla; batailles de Chéronée et d'Orchomène, 87-86. — Paix de Dardanos, 85. — Dictature de Sylla, 82-81. — Proscriptions. — Abdication de Sylla, 79. — Mort de Sylla à

Cumes, 78. — Lépidus, 77. — Sertorius en Espagne. — Nouvelle guerre de Mithridate, 74-66. — Spartacus, 73-71. — Consulat de Pompée et de Crassus, 70. — Lucullus en Asie et Pompée, 66-62. — Crassus et César à Rome. — Complot de Catilina, 64. — Mort de Mithridate, 63. — Consulat de Cicéron, 63. — Défaite de Catilina à Pistoria, 62. — Premier triumvirat : César, Crassus et Pompée, 60. — Consulat de César, 59. — César en Gaule, 58-51. — Rivalité de César et de Pompée; anarchie à Rome; la République en danger. — Troisième consulat de Pompée, 52. — César franchit le Rubicon, 49. — Guerre civile. — César, maître de l'Italie ; il va en Espagne battre les Pompéiens. — Bataille de Pharsale; mort de Pompée à Peluse, 48. — César en Egypte ; il passe en Afrique pour combattre l'armée des républicains ; bataille de Thapsus, 46. — Mort de Caton à Utique, 46. — César en Espagne, détruit la dernière armée pompéienne à Munda, 45. — César imperator. — Conspiration républicaine : Cassius et Brutus. — Assassinat de César, 44. — Antoine. — Octave, héritier de César. — Deuxième triumvirat : Antoine, Octave, Lépide, 43. — Mort de Cicéron, 43. — Octave et Antoine en Grèce contre l'armée républicaine de Brutus et de Cassius ; bataille de Philippes : mort de Cassius et de Brutus, 42. — Antoine en Egypte, près de Cléopâtre. — Bataille d'Actium, 31 —

Octave maître du monde, prend le titre d'Auguste, 30. — Naissance de Jésus-Christ.

Leçon du Professeur: Jeter un coup d'œil sur la géographie de l'Asie-Mineure au moment des guerres pontiques ; caractériser le rôle de Mithridate ; lire quelques scènes de la tragédie de *Mithridate*, de Racine (acte III). — A propos du complot de Catilina, lire quelques fragments du premier discours de Cicéron et parler de Cicéron, en empruntant quelques détails au livre de M. Boissier sur Cicéron. — Lire, dans Plutarque, le parallèle de César et d'Alexandre et quelques fragments de la conquête des Gaules par César.

Devoir des élèves: Résumé de la conquête des Gaules par César.

Synchronisme du Ier siècle ap. J. C.

Rome : Défaite des légions romaines en Germanie, 9. — Varus. — Mort d'Auguste, 14.— Les Douze Césars, 14-96. — Les Antonins : Nerva, 96-98.

Leçon du Professeur : Quelques mots sur la littérature et les arts au siècle d'Auguste ; parler sommairement d'Horace et de Virgile ; dire quelques mots de l'*Art poétique* d'Horace en le rapprochant de l'*Art poétique* de Boileau, que les élèves doivent étudier à ce degré.

Eglise : Mort de Jésus-Christ, 33. — Persécutions, 64. — Prise de Jérusalem, par Titus, 70. — Saint-Pierre, évêque de Rome.

Leçon du Professeur: Paganisme et christianisme ; révolution morale, etc.

Synchronisme du IIe siècle ap. J.-C.

Rome : Trajan, 98-117. — Marc-Aurèle, 161-180. — Commode, 180-192. — L'empire militaire : Septime-Sévère, 192-211.

Synchronisme du IIIe siècle ap. J.-C.

Rome : Caracalla, 211-217. — Alexandre Sévère, 222-235. — Premières apparitions des Barbares : les Goths sur le Bas-Danube, les Alamans et les Francs dans la région du Rhin. — Division de l'empire : Valérien et Gallien, 253-260. — Rétablissement de l'unité : Aurélien, 270-275. — Dioclétien, 284-305.

Perse : Famille des Sassanides succédant aux Arsacides, 224.

Orient : Zénobie se fait proclamer reine de Palmyre, 266 ; elle est vaincue par Aurélien, 272.

Eglise : Organisation de l'Eglise chrétienne.

Leçon du Professeur : Opposer la décadence de l'empire romain à la jeune organisation de la Société chrétienne ; parler des trois Sociétés en présence : chrétienne, romaine, barbare.

Devoir des élèves : Après avoir entendu la leçon ci-dessus, la résumer par écrit. — Devoir oral ; le Professeur désignera trois élèves qui prendront chacun pour sujet une de ces trois Sociétés.

SYNCHRONISME DU IVe SIÈCLE AP. J.-C.

Rome : Constantin, 313. — Il transporte le siège de l'empire à Byzance (Constantinople), 330. — Théodose le Grand, 379-395. — Partage de l'empire : Honorius, l'Occident (Rome) ; Arcadius, l'Orient (Constantinople), 395.

Devoir des élèves : Une carte qui montrera nettement la situation de Constantinople et celle de Rome (mer Méditerranée, mer Egée, Hellespont, Propontide, Pont-Euxin).

Germanie : Commencement des invasions des Francs.

Eglise : Hérésie d'Arius. — Concile de Nicée convoqué par Constantin.

2° *Histoire de France et Histoire générale* (suite).

SYNCHRONISME DU XVIe SIÈCLE.

France : Louis XII, 1498-1515; Jeanne de France, Anne de Bretagne, Marie d'Angleterre. — Louis XII dans le Milanais, 1499-1500. — Conquête et perte du royaume de Naples, 1500-1504. — Traités de Blois, 1504-1505. — Ligue de Cambrai, 1508. — Le pape Jules II. — Agnadel, 1509. — Sainte Ligue, 1511. — Gaston de Foix à Ravenne, 1512. — Perte de l'Italie, 1513. — François Ier, 1515-1547. — Rivalité de François Ier et de Charles-Quint. — Henri II. — Bataille de Saint-Quentin, 1557. — La Saint-Barthélemy, 1572. — Avènement des Bourbons, 1589. — Abjuration de Henri IV, 1593. — Paix de Vervins, 1598. — Sully ; Ollivier de Serres ; Réformes. — Assassinat de Henri IV, 1610.

Leçon du Professeur : Montrer le caractère de l'absolutisme des rois du XVIe siècle.— La cour sous François Ier ; les femmes ; Louise de Savoie, Marguerite de Savoie ; les châteaux ; la noblesse : Connétable, Amiral, etc... — Montrer la formation des monarchies en Europe. — dire quelques mots des relations nouvelles entre les peuples (alliances, diplomatie, guerres). — Pour bien expliquer les guerres d'Italie, montrer l'état de division où était ce pays ; résumé de ces guerres ; présenter d'une manière sommaire les causes de la rivalité entre les maisons de France et d'Autriche.— Résultat des guerres d'Italie.

Devoir des élèves : Tableau des guerres d'Italie ; au centre, une carte de l'Italie ; dans le Tableau, des colonnes réservées aux principaux faits, aux personnages (rois, guerriers, artistes, etc...).

Italie : Gênes. — Savoie. — Venise. — Florence.

Leçon du Professeur : La Renaissance en Italie et en France.

Allemagne : Mort de Maximilien Ier, 1519. — Charles-Quint, 1516-1556. — Rivalité et guerre avec François Ier. — Abdication de Charles-Quint, 1556 ; sa mort, 1558. — Ferdinand Ier, 1556-1564. — Maximilien II. — Rodolphe II, 1572-1612.

Eglise : Pontificat de Léon X, 1513-1521. — Réforme de Luther et de Zwingle, 1517. — Diète de Worms et condamnation de Luther, 1521. — Diète de Spire, 1529. — Ignace de Loyola fonde la Compagnie de Jésus, 1534. — Concile de Trente, 1545-1563.

Angleterre : Règne de Henri VIII, 1509-1553. — Marie, 1553. — Elisabeth, 1558-1603. — Mort de Marie Stuart, 1587.

Leçon du Professeur : Coup d'œil sur la littérature anglaise ; parler sommairement de Shakespeare. — Marie Stuart; quelques lectures dans Schiller, etc...

Devoir des élèves : Apprendre, par cœur, les *Adieux de Marie Stuart.*

Espagne : Charles-Quint, 1516-1556. — Philippe II. 1556-1598. — Réunion du Portugal, 1580. — Destruction de l'Invincible Armada, 1588.

Leçon du Professeur : Charles-Quint et François Ier. — Dans *Hernani*, de Victor Hugo, choisir quelques passages : Acte IV, scène II.

Suède : Christian II, 1523. — Gustave Wasa, délivre la Suède.

Suisse : Traité de Fribourg ou Paix perpétuelle, 1516.

Pays-Bas : Provinces espagnoles ; gouvernement : de Marguerite, tante de Charles-Quint; de Marie de Hongrie, sœur de Charles-Quint ; de Marguerite de

Parme, fille de Charles-Quint. — Les comtes d'Egmont et de Hornes. — Guillaume le Taciturne, prince d'Orange et son frère Louis de Nassau. — Le cardinal Granvelle. — Les Gueux. — Le duc d'Albe, 1567-1571. — Guillaume, stathouder, 1572. — Don Juan d'Autriche, 1577-1578. — Les Provinces-Unies, 1581. — Maurice de Nassau. — Trêve de douze ans sous Philippe III, 1609.

Empire Ottoman : Sélim Ier, 1512-1520. — Soliman. — Bataille de Lépante, 1571.

Asie : Dynastie des Sofis en Perse, 1501. — Empire des Mongols dans les Indes, 1515.

Afrique : Expédition de Sélim Ier en Egypte. — Le corsaire Barberousse à Alger. — Expédition de Charles-Quint en Afrique.

QUATRIÈME DEGRÉ : DE QUINZE A SEIZE ANS.

1° *Histoire de la civilisation ancienne.*

2° *Histoire de France* développée et *Histoire générale*, XVIIe et XVIIIe siècles.

1° *Histoire de la civilisation ancienne.*

• Histoire de la civilisation ancienne jusqu'en 476 (vue d'ensemble).

Résumé de l'histoire de la philosophie grecque (Socrate, Platon, etc...).

Résumé très succinct de la littérature grecque.

Leçon du Professeur : Au moment de la conquête de la Grèce par les Romains, montrer la décadence en Grèce et suivre le génie grec à Alexandrie. (Voir dans l'*Histoire de la littérature grecque*, de M. M. Croiset, le tome V.)

Devoir des élèves : Résumer, sous forme de lettre à un ami ou à une amie, les leçons faites sur l'histoire de la civilisation ancienne, de manière à donner, à cette vue d'ensemble, quelque chose de plus simple et de plus familier que ne le serait une rédaction ordinaire.

2° *Histoire de France et Histoire générale* (suite).

Synchronisme du XVIIe siècle.

France : Mort de Henri IV, 1610. — Louis XIII. — Régence de Marie de Médicis. — Etat de la France en 1610. — Concini, de Luynes. — Etats généraux, 1614, les derniers avant 1789. — Mariage de Louis XIII avec Anne d'Autriche, fille aînée de Philippe III. — Richelieu, 1624. — Le Père Joseph. — Guerre contre les protestants : siège de la Rochelle, 1628. — Luttes contre l'aristocratie : Chalais ; Journée des Dupes ; Conspiration de Cinq-Mars et de Thou, 1642. — Guerre de Trente ans, période française, 1635-1648. — Mort de Richelieu, 1642. — Louis XIV, 1643. —

Régence d'Anne d'Autriche. — Mazarin. — Paix de Westphalie, 1648. — La Fronde. — Traité des Pyrénées, 1659. — Mariage de Louis XIV. — Mort de Mazarin, 1661. — Monarchie absolue, 1661. — Fouquet; Colbert. — Guerre d'Espagne, 1665-1668. — Traité d'Aix-la-Chapelle, 1668. — Passage du Rhin, 1672. — Mort de Turenne, 1675. — Traité de Nimègue, 1678. — Versailles, 1682. — Mort de Marie-Thérèse, 1683. — Mme de Maintenon. — Révocation de l'Edit de Nantes, 1685. — Paix de Ryswick, 1697.

Leçon du Professeur : Une leçon qui résumerait la politique de Henri IV et de Richelieu. — Résumer les livres de M. Batiffol sur Louis XIII réhabilité et sur Concini.

Devoirs des élèves : Recherches sur Versailles et son palais ; lectures prises dans l'ouvrage de M. Pératé. — Lire *Télémaque*, de Fénelon.

Angleterre : Jacques Ier, 1603. — Charles Ier, 1625. — Révolution, 1649 ; Cromwell. — Mort de Charles Ier, 1649. — Restauration des Stuarts : Charles II, 1660. — Whigs et Tories. — Jacques II, 1685. — Deuxième Révolution, 1688. — Guillaume III et Marie, 1689-1702.

Leçon du Professeur : Parler de Milton. — Résumé de la Révolution d'Angleterre ; lectures dans Guizot. — Deuxième Révolution ; son caractère.

Devoir des élèves : Généalogie des Stuarts.

Allemagne : Guerre de Trente ans, 1618-1648. — Traité de Westphalie.

Leçon du Professeur : Traité de Westphalie ; ses conséquences en Europe.

Russie : Fédor, fin des Rurik. — Avènement des Romanoff, 1614.

Espagne : Philippe III. — Expulsion des Maures, 1609.

Portugal : Révolution, 1640. — Jean IV de Bragance.

Italie : Révolte des Napolitains, 1647. — Mazaniello. — Savoie : Charles-Emmanuel II. — Venise : lutte contre les Turcs à Candie. — Gênes en décadence, possède la Corse. — Toscane : Ferdinand II de Médicis.

Eglise : Alexandre VII, 1655-1667. — Mort de Saint Vincent de Paul, 1660. — Les Jansénistes.

Hollande : Maurice de Nassau. — Barneveld. — Frédéric-Henri, stathouder, 1625-1647. — Guillaume II d'Orange, 1650. — Fin du stathoudérat. — République. — Grand Pensionnaire ; Jean de Witt, 1652. — Guerre avec la France. — Ligue d'Augsbourg, 1686. — Heinsius, Grand pensionnaire, 1689. — Traité de Ryswick, 1697.

Suède : Règne de Gustave-Adolphe, 1611. — Christine. — Charles-Gustave.

Turquie : Mahomet IV. — Mustapha II. — Prise de Carlowitz, 1699.

Asie : Conquête de la Chine par les Tartares.

SYNCHRONISME DU XVIIIe SIÈCLE.

France : Guerre de la Succession d'Espagne, 1700 : Ramillies, 1706 ; Malplaquet, 1709 ; Denain, 1712. — Traités d'Utrecht, de Rastadt, de Bade, 1713-1714. — Mort de Louis XIV, 1715. — Louis XV. — Régence du duc d'Orléans. — Système de Law, 1716. — Guerre de la Succession de Pologne, 1733-1735. — Guerre de Succession d'Autriche, 1740-1748. — Fleury, 1743. — Guerre de Sept ans, 1756-1763. — Louis XVI, 1774. — Turgot ; Malesherbes ; Necker. — Etats généraux, 1789. — Révolution.

Leçon du Professeur : Caractère du règne de Louis XIV. — Résumé de la littérature au XVIIe siècle ; le théâtre : Corneille, Racine, Molière. — La société au XVIIe siècle. — L'hôtel de Rambouillet. — Etude sommaire de Mme de Sévigné ; lecture de quelques-unes de ses lettres, en particulier celle se rapportant au procès de Fouquet. — Les femmes au XVIIe siècle.

Devoirs des élèves : Petites biographies sur les hommes remarquables sous Louis XIV, en les classant : hommes politiques, guerriers, écrivains, artistes, etc... — Résumé de l'histoire des États généraux jusqu'à ceux de 1789.

Angleterre : Anne Stuart, 1702-1714. — Union de

l'Ecosse et de l'Angleterre : Royaume-Uni, 1708. — Brunswick. — Hanovre : Georges Ier, 1714-1727. — Georges II. — Pitt. — Georges III, 1760.

Prusse : Maison de Hohenzollern, 1701. — Frédéric, électeur de Brandebourg. — Frédéric le Grand, 1740-1786.

Leçon du Professeur : Résumé du règne de Frédéric le Grand. — Parler de Voltaire.

Autriche : Charles VI. — Marie-Thérèse, 1740. — Joseph II.

Suède : Charles XII, 1697. — Bataille de Pultawa, 1709. — Révolution en Suède, 1772. — Gustave III.

Leçon du Professeur : Résumer le règne de Charles XII ; lecture dans le *Charles XII*, de Voltaire.

Russie : Pierre le Grand. — Catherine II.

Pologne : Partages de la Pologne, 1772-1793-1795.

Eglise : Pie VI.

Turquie : Question d'Orient.

Asie : Dans les Indes, Tippoo-Saïb contre les Anglais, 1782-1799.

Amérique : — Formation des Etats-Unis d'Amérique, 1773-1783. — Franklin ; Washington ; La Fayette.

CINQUIÈME DEGRÉ : DE SEIZE A DIX-HUIT ANS.

1° *Histoire de la civilisation du Moyen âge et moderne.*
2° *Histoire de France* développée et *Histoire générale :* XIXe et XXe siècles.

1° *Histoire de la civilisation du Moyen âge et moderne.*

Histoire résumée de la civilisation du Moyen âge et moderne (vue d'ensemble) : littérature, arts, lettres, sciences ; questions sociales ; industrie, commerce, agriculture ; productions et échanges ; sources de la richesse publique ; le prolétariat et la bourgeoisie ; garantie de la propriété privée ; sociétés d'assurances mutuelles ; solidarité ; relations entre les peuples, etc.

Devoirs des élèves : Lecture et analyse des lectures par écrit de l'*Histoire de la Civilisation en Europe*, de Guizot. — Lectures dans Michelet, Fustel de Coulanges, Taine, etc...

Nous recommandons l'*Histoire Contemporaine* (*1815-1906*), par MM. Driault et Monod et, des mêmes auteurs, *Histoire politique et sociale* (*1815-1909*). — Voir aussi les ouvrages de MM. Malet, Seignobos, Blanchet, Jallifier, etc...

2° *Histoire de France et Histoire générale* (suite et fin).

SYNCHRONISME DES XIXe ET XXe SIÈCLES.

France : République, 1792. — Assemblée Constituante. — Assemblée Législative. — Convention. — Mort de Louis XVI, 21 janvier 1793. — La Terreur. — Mort de Robespierre, 9 thermidor 1794. — Directoire. — Bonaparte; campagne d'Italie; campagne d'Egypte. — Coup d'Etat du 19 brumaire. — Consulat, 1799-1802. — Empire, 1804. — Waterloo, 1815. — Restauration : Louis XVIII. — Charles X. — Révolution de 1830. — Louis-Philippe. — Ministère Guizot, 1840-1848, veut surtout la paix extérieure pour qu'il y ait, à l'intérieur, prospérité et richesse ; comme conséquence de cette politique : entente cordiale avec l'Angleterre (droit de visite; affaire Pritchard; Maroc), puis : alliance avec l'Autriche (politique de Metternich, Cracovie). Ces concessions discréditent le gouvernement de Juillet, d'un autre côté, l'opinion publique réclame une réforme électorale et parlementaire et s'inquiète de la question de l'enseignement public (enseignement libre et université). Le journal : *La Réforme,* dirigé par Louis Blanc, organe de l'opposition; manifestations réactionnaires, campagne des banquets, 1847. Révolution, 1848. — Louis-Napoléon Bonaparte, président de la République. — Coup d'Etat, 1851. — Second Empire : Napoléon III, 1852. — Guerre de Crimée, 1853-1856. — Guerre d'Italie, 1859-1861. — Guerre du Mexique, 1863-1867. — Expédition de Syrie, 1860. — Guerre franco-allemande, 1870-1871. — Troisième République. — Thiers, chef du pouvoir exécutif, 1870. — Chute de Thiers, 1873. — Présidence de Mac-Mahon. — Constitution de 1875. — Présidences de : Jules Grévy, 1879 ; Carnot, 1887 ; Casimir Périer, 1894 ; Faure, 1895 ; Loubet, 1899 ; Fallières, 1906. — Doctrines sociales.

Leçon du Professeur : Exposer les conséquences de la Révolution de 1848. Coup d'œil rapide sur le mouvement d'indépendance qui se produit dans toute l'Europe.

Devoirs des élèves : Tableau qui résume l'état politique de l'Europe en 1848 : une colonne pour chaque peuple de l'Europe, en indiquant les souverains régnant à cette époque. (Se servir, pour ce Tableau, des Vicissitudes des peuples, dans le *Manuel des peuples* et dans les *Esquisses historiques*.) — Etat de la France en 1848 : politique, littérature, sciences, etc...

Angleterre : Georges III, 1760-1820. — Le parti tory domine : Le deuxième Pitt et Wellington. — Georges IV, 1820-1830 : gouvernement personnel et aristocratique. — Canning. — Guillaume IV, 1830-1837 ; agitation électorale et irlandaise. — Réaction :

le parti whig arrive au pouvoir avec lord Grey, 1830 ; Robert Peel à la tête du parti tory. — Le Bill de réforme électorale, 1832, est le commencement de la voie libérale ; prédominance de la Chambre des Communes. — Victoria, 1837-1901. Tendances démocratiques. — Ministère de Robert Peel, 1841-1847. — Réformes économiques : abolition des droits sur les blés ; libre-échange. — Lord Palmerston. — Edouard VII, 1901-1910. — Georges V, 1910.

Colonies anglaises : Amérique : Organisation du Dominion du Canada, 1867.

Afrique : En 1814, acquisition de l'île de France qui prit le nom d'île Maurice. — Annexion du Natal et de la Cafrerie, 1853. — Les Boers, ou paysans hollandais fondent, au delà de l'Orange, l'Etat d'Orange, 1836 ; les Boers du Natal fondent, au delà du Vaal, l'Etat du Transvaal, 1845. En 1877, les Anglais interviennent dans les affaires des Boers du sud et proclament l'annexion du Transvaal.— Guerre contre les Zoulous, 1880, mort du fils de Napoléon III. — En 1899, une guerre éclate entre l'Angleterre et le Transvaal, présidé par Krüger ; après les victoires de lord Kitchener, fut signé le traité de Prétoria, 1902, par lequel les deux républiques boers abandonnaient leur indépendance : c'était l'unité de l'Afrique australe anglaise, du Cap au Zambèze. — Ouverture du Parlement sud-africain, présidé par le duc de Connaught, 4 novembre 1910.

Australie : Fondation de Sydney, 1788. — Australie occidentale : Perth, 1829 ; Australie méridionale : Adélaïde, 1834. — Nouvelle-Zélande. — Nouvelle-Galles du Sud, 1842. — Etat de Victoria : Melbourne, 1852. — La colonie du Queen's land, 1859. — Dès 1855, un régime parlementaire est accordé par l'Angleterre aux colonies de l'Australie ; aujourd'hui, ces colonies forment une confédération indépendante et autonome (1911).

Inde : Achèvement de la soumission de l'Inde, 1815-1860. — Conquête de Pouna, 1817-1818. — Les Anglais assurent leur influence dans l'Afghanistan, par la soumission de l'émir de Kaboul, Dost-Mohammed, 1842. — Guerre des Sykhs, 1842-1849. — Soumission du Pendjab (bassin de l'Indus) par lord Dalhousie, 1849 ; il annexe le royaume d'Oude, sur le Gange supérieur, 1854, ce fut la cause de l'insurrection des Cipayes, qui éclate à Delhi, 1857. L'insurrection est réprimée par Sir Campbell qui s'empare de Luknow, 1858. — Organisation du gouvernement anglais dans les Indes ; un vice-roi réside à Calcutta. — La reine Victoria devient impératrice des Indes, 1876.

Autriche : François II. — Metternich. — Sainte-

Alliance. — Révolution à Vienne, 1848, fuite de Metternich ; abdication de Ferdinand Ier en faveur de son neveu François-Joseph ; répression ; contre-révolution. — Kossuth, président de la république en Hongrie, 1849. — Georgey. — Répression par l'intervention russe. — Schwarzenberg, ministre de François-Joseph. — Politique autoritaire de Bach, 1852. — Sadowa, 1866. — Traité de Prague, 1866, donne à l'Europe centrale son organisation politique, pour conséquences : la Constitution de l'Autriche-Hongrie et celle de la Confédération de l'Allemagne du nord, sous la suprématie de la Prusse. — Constitution dualiste : Autriche (Allemands), Hongrie (Magyars), 1867. — Les nationalités diverses (Transylvanie, Croatie, Galicie, etc...) aspirent à l'indépendance, à l'autonomie. — Au Congrès de Berlin, 1878, l'Autriche a l'administration de la Bosnie et de l'Herzégovine. — Triple Alliance : Autriche, Allemagne, Italie, 1882.

Allemagne : Association des étudiants pour la liberté. — Révolution de 1848. — En Prusse, Constitution de Frédéric-Guillaume IV, 1848. — Dissolution du Parlement national de Francfort. — Guillaume Ier, 1861-1888. — Bismark. — Guerre de Danemark, 1864. — Guerre d'Autriche, 1866. — Guerre de France, 1870. — Unité allemande. — Triple Alliance, 1882. — Frédéric III,

1888. — Guillaume II, 1888. — Démission de Bismarck, 1890 ; sa mort, 1898.

Italie : Naples : Ferdinand. — Piémont : Victor-Emmanuel ; Charles-Félix ; Charles-Albert ; Silvio Pellico. — Soulèvements : de Modène, contre le duc François IV ; de Bologne et d'Ancône, contre le pape Grégoire XVI ; de Parme, contre Marie-Louise, 1831. — Répression de ces soulèvements par l'Autriche. — Le sentiment de l'indépendance nationale exalté par la société secrète des Carbonari et par le Risorgimento (la résurrection) ou renaissance poétique, libérale de la jeunesse italienne.

Pie IX, 1846. — Soulèvement de l'Italie, 1848 : Milan, Venise, Piémont. — Répression ; contre-révolution. — Défaite de Charles-Albert à Custozza. — Pie IX réfugié à Gaëte, 1848. — République démocratique à Rome : Garibaldi et Mazzini. — République en Toscane. — Piémont : abdication de Charles-Albert en faveur de son fils, Victor-Emmanuel II, 1849. — Une armée française rétablit Pie IX à Rome, 1849. — Capitulation de Venise. — Retour des Autrichiens. — Cavour. — Premier Parlement italien, 1861. — Victor-Emmanuel, roi d'Italie, 1861. — La Vénétie à Victor-Emmanuel, 1866. — Prise de Rome, Pie IX au Vatican, 1870. — Victor-Emmanuel fait son entrée à

Rome capitale, 2 juillet 1871. — Humbert Ier, 1878-1900. — Mort de Pie IX, 1878; son successeur, Léon XIII. — Ministère Crispi hostile à la France, 1887-1896. — Assassinat de Humbert, 1900; son fils, Victor-Emmanuel III lui succède. — Mort de Léon XIII, 1903; Pie X.

Russie : Mort d'Alexandre Ier, 1825. — Nicolas Ier. — Alexandre II, émancipation des serfs, 1861. — Assassinat d'Alexandre II, 1881. — Alexandre III, 1881, s'éloigne de l'Allemagne et se rapproche de la France. — Nicolas II, 1894. — Pénétration russe en Extrême-Orient : Mandchourie, Corée, Chine. — Guerre russo-japonaise, 1904-1905. — Prise de Port-Arthur, 1905. — Défaite de la flotte russe par l'amiral Togo à Tsoushima, 1905. — Conférences de Portsmouth, 1905. — Ouverture de la Douma, 1906.

Pologne : Révolution de 1830. — Les dictateurs : Radziwill, Skrzynecki. Les Polonais, d'abord vainqueurs des Russes, avec Skrzynecki, sont vaincus et soumis par Paskiévitch, qui s'empare de Varsovie, 1831. C'est l'autocratie victorieuse en Russie, tandis que l'Europe occidentale devient constitutionnelle.

Danemark : Duchés de Sleswig, Holstein et Lauenbourg, 1849. — Christian IX, 1863. — Guerre avec la

Prusse. — Paix de Vienne, 1864 : Christian IX abandonne à la Prusse et à l'Autriche les duchés de Sleswig, Holstein et Lauenbourg. — Mort de Christian IV, 1906; son fils, Frédéric VIII, lui succède.

Belgique : Révolution de 1830 : séparation de la Belgique et de la Hollande. — Léopold de Saxe-Cobourg nommé roi des Belges, 1831. — Protestations de Guillaume d'Orange, roi de Hollande, mais, après l'intervention des armées de la France et de l'Angleterre à Bruxelles et à Anvers, la Belgique reste indépendante. — Mort de Léopold Ier, 1865; Léopold II. — Mort de Léopold II, 1909; il a pour successeur son neveu, Albert Ier.

Grèce : Insurrection grecque : manifestations nationales; sociétés secrètes ; l'Hétairie.— Assemblée d'Epidaure qui proclame l'indépendance de la Grèce, 1822. — Mavrocordato, président d'un conseil exécutif. — Canaris et Botzaris détruisent la flotte turque à Chio, 1822. — Capitulation de Navarin, 1825. — Siège de Missolonghi, où meurt Byron, 1826. — La flotte turco-égyptienne détruite à Navarin par les flottes combinées de France, d'Angleterre et de Russie, 1827. — Une armée française, sous les ordres du général Maison, débarque en Morée; le général russe, Diébitch, franchit les Balkans et s'empare d'Andrinople. La Turquie est obligée de signer le traité d'Andrinople, 1829, qui reconnaissait l'indépendance de la Grèce et confirmait l'autonomie de la Serbie, de la Moldavie et de la Valachie. — Capo d'Istria, nommé président du Conseil exécutif, est assassiné. — Othon de Bavière, nommé roi de Grèce, 1832, est renversé en 1862; il a pour successeur Guillaume de Danemark, qui prend le nom de Georges Ier, 1863.

Turquie : Sultan Mahmoud. — Insurrection de la Grèce. — Le sultan demande du secours à Méhémet-Ali, pacha d'Egypte, 1825. — Indépendance de la Grèce, 1829. — Conquêtes d'Ibrahim-Pacha qui menace Constantinople, 1832. — Traité de Kutayé, 1833. — Mort de Mahmoud, 1839. — Son fils, Abd-ul-Medjid, lui succède, 1839-1861. — Traité des Détroits, 1841. — Traité de Paris, 1856. — Abd-ul-Aziz, 1861-1876. — Mourad V, 1876. — Abd-ul-Hamid, 1876. — Traité de Berlin, 1878. — Révolution, 1909. — Abd-ul-Hamid, prisonnier à Salonique; son frère, Mohammed V, lui succède, 23 avril 1909. — Turquie constitutionnelle.

Espagne : Ferdinand VII. — Le duc d'Angoulême en Espagne. — Mort de Ferdinand, 1833. — Isabelle sous la tutelle de sa mère Christine. — Don Carlos, frère de Ferdinand VII, fait opposition. — Christine accorde la Constitution de 1837. — Guerre carliste;

don Carlos et Cabrera vaincus par Espartero, 1834-1840. — La reine Isabelle épouse son cousin, don François d'Assise, et sa sœur Luisa épouse le duc de Montpensier, fils de Louis-Philippe, 1846. — Chute d'Isabelle, 1868. — République, 1874. — Alphonse XII, fils d'Isabelle, rétabli sur le trône ; il a pour successeur son fils Alphonse XIII, 1885.

Portugal : Jean VI, 1826. — Usurpation de don Miguel. — Dona Maria, fille de don Pedro, empereur du Brésil, se réfugie en Angleterre ; elle est rétablie sur le trône, 1834. — Pierre V, 1854. — Louis Ier, 1861. — Carlos Ier, 1889 ; son assassinat, 1908. — Manoël II. — Révolution ; République, 1910.

QUELQUES REMARQUES

Nous appelons l'attention de nos lecteurs sur quelques observations relatives à l'application de notre méthode historique aux études secondaires.

1° La leçon secondaire conservera l'esprit méthodique de notre enseignement élémentaire, elle aura toujours une action directe sur les élèves dont le rôle sera activement associé à celui du maître, bien que maintenant, tout doive s'élargir et s'élever sous sa parole qui prendra désormais une place plus importante dans l'enseignement.

2° Les faits seront nécessairement présentés aux élèves avec plus de développements, ils leur seront exposés avec cette méthode d'analyse et de synthèse qui était déjà, au degré élémentaire, d'un si puissant secours dans la direction des premières études.

3° Les connaissances déjà acquises par nos élèves permettront au professeur, dans ce degré secondaire, des vues d'ensemble plus larges, c'est-à-dire l'emploi plus fréquent de la méthode synthétique.

4° Les exercices et les devoirs, auxiliaires essentiels de la leçon, tiennent une place importante dans l'enseignement Lévi Alvarès; ils sont regardés, par les professeurs pédagogues, comme les facteurs d'une des plus heureuses innovations de notre méthode historique.

Parmi les exercices employés au degré secondaire, citons : Les questions provoquant des réponses soit écrites, soit orales, elles forment des livres classiques (Questionnaire d'histoire générale, questionnaire d'histoire de France); l'indication des lectures à faire, soit dans des livres classiques, soit dans des livres spéciaux pour chacun des grands événements de l'histoire ; l'indication, dans les œuvres originales de la littérature française et des littératures étrangères (poèmes, œuvres dramatiques), des passages relatifs aux grandes époques historiques.

Parmi les devoirs, nommons : les exposés, écrits ou oraux, tantôt sous forme de leçons, tantôt sous forme de simples narrations, ou bien de lettres, de portraits, de biographies, de parallèles à la manière de Plutarque, de dialogues, etc... ; les tableaux par colonnes, résumant les principaux faits d'une époque, les personnages, etc... ; les cartes, tantôt séparées, tantôt placées au centre de ces tableaux ; les généalogies (tableaux, arbres généalogiques, etc...) des grandes familles de l'histoire.

5° Dans cette partie secondaire, on comprend que l'on puisse demander plus d'études que de classes ; l'éducation de la volonté et de l'effort personnel a été faite dans les cours élémentaires, on peut, maintenant, livrer l'élève à lui-même, le laisser réfléchir, méditer, s'exercer sur les différents sujets que le maître a développés dans la classe.

6° Les cahiers sont tenus nécessairement avec un soin particulier ; parmi eux, nous recommandons celui que nous appelons *le cahier de notes*. Il contient les faits, les pensées, les curiosités diverses qu'on recueille des lectures, des causeries, des leçons, c'est, pour ainsi dire, une mémoire écrite, on peut, par association d'idées, quand on le veut, en saisir les rapports. De temps en temps, le professeur feuillette, avec ses élèves, ce cahier qui contient ainsi une quantité de connaissances variées qui ne s'oublient pas et qui enrichissent la mémoire de nos élèves.

Ce cahier est tout particulier à notre Cours, nous ne l'avons trouvé dans aucun enseignement. On est souvent étonné, lorsqu'on cause avec les jeunes gens sortis des classes universitaires, de constater combien ils sont pauvres de connaissances générales et de notions diverses, ils ont peut-être *beaucoup vu,* ils ont certainement *peu retenu.*

CONCLUSION

Nous venons de le voir, dans le système Lévi Alvarès, on trouve l'histoire, à chaque âge de la vie scolaire, l'élément essentiel du développement intellectuel, non pas qu'elle soit traitée seulement comme une spécialité à côté, auxiliaire des autres études et n'ayant avec elles que des rapports indirects ; au contraire, elle pénètre de son esprit, de sa morale, de sa philosophie, notre enseignement encyclopédique tout entier : l'histoire est l'âme de la méthode Lévi Alvarès.

EXTRAIT DU RAPPORT

FAIT AUX CHEFS D'INSTITUTION

SUR

LA MÉTHODE HISTORIQUE DE M. D. LÉVI

PAR M. SABATIER

Pouvant servir de guide aux Instituteurs et aux Institutrices.

(1841)

Ce n'est pas à vous, Messieurs, que j'essaierai d'exposer l'état de l'enseignement élémentaire de l'histoire dans les établissements de l'Université. Vous savez tous que cette branche si utile n'a présenté jusqu'ici, dans les écoles, que de bien faibles résultats. Vous êtes tous frappés du vague, du défaut d'étendue, et, j'ose le dire, du décousu des connaissances historiques d'un grand nombre de jeunes gens en sortant des bancs du collège. Rien n'est lié dans leur tête : les grands hommes, les événements, les époques s'y trouvent pêle-mêle : à peine pourraient-ils vous dire si Alexandre vivait avant ou après Romulus !

A quoi faut-il attribuer cela ? N'est-ce pas au défaut total de méthode, au manque de liaison dans les différents degrés de l'enseignement de l'histoire. Tandis que les écoles de jeunes gens restent ainsi en arrière, déjà les meilleures institutions de demoiselles présentent, sous ce rapport, des

11

résultats extraordinaires. Ces résultats, Messieurs, sont dus à l'excellente méthode de M. Lévi, dont je vais avoir l'honneur de vous exposer la marche ; je le ferai avec d'autant plus de facilité et d'assurance que je l'ai introduite dans mes classes, et que, conséquemment, elle n'est plus pour moi une simple théorie.

La méthode de M. Lévi s'adresse à tous les âges, à toutes les intelligences ; elle prend l'enfant à six ans, et le conduit, par une série de développements successifs, jusqu'à la fin de ses études historiques. Le professeur fait précéder ses leçons d'histoire et de géographie de notions très simples de cosmographie, pour frapper dès l'abord l'imagination de l'enfant, et le faire arriver naturellement à *la terre,* qu'il divise en *trois mondes :* monde ancien, monde nouveau, monde maritime, et qu'il subdivise ensuite.

Ces premières connaissances suffisent à l'élève, qui va non seulement peupler progressivement le globe, mais encore l'animer par de petites descriptions puisées dans les *faits ;* c'est ainsi que dans cette méthode tout se lie, tout s'enchaîne naturellement et découle d'un principe fécond.

Les ouvrages de M. Lévi nous serviront de guide ; ils se divisent en trois parties distinctes :

1. *Narrations orales,* ou histoires racontées ;
2. *Esquisses historiques,* ou précis méthodiques de tous les peuples ;
3. *Histoire des rois de France, celle des reines et régentes.*

PREMIÈRE PARTIE.

NARRATIONS ORALES.

M. Lévi avait jusqu'ici conseillé aux professeurs de faire verbalement le récit des *faits*, et de les présenter sous une forme dramatique; mais il a trouvé, avec raison, que dans une appréciation orale, mille considérations échappent aux enfants inhabiles ou inattentifs; il a donc adopté les *histoires racontées* de M. Lamé-Fleury, pour les études préparatoires jusqu'à l'âge de onze ans, époque de la première communion. — Un style simple et naturel dans lequel, sous une forme dramatique, les récits sont présentés d'une manière intéressante, justifie le choix du professeur méthodiste; mais ce qui appartient en propre à M. Lévi, c'est le parti ingénieux qu'il a tiré de ces histoires, au moyen de tableaux historiques. — Laissons-le lui-même en faire ressortir l'utilité.

Le but des Tableaux est :

1° *D'habituer* l'Élève à *narrer méthodiquement* les faits de l'histoire qu'il étudie, d'après la nomenclature du sommaire des événements :

2° *D'indiquer* la date et le siècle.

3° *De citer le personnage* dont on parle dans l'événement, et succinctement ce qu'il *rappelle.*

4° *D'analyser les sentiments* qui ont fait agir les personnages et à quelle occasion.

5° *De faire remarquer les objets* sur lesquels l'attention s'est portée dans les événements.

6° *De montrer sur la carte* ou de rappeler verbalement les

lieux où se sont passés les événements et la situation de ces lieux.

TRAVAIL : L'Instituteur, la Mère, ou le Père, après avoir fait *lire* un chapitre, le font analyser *verbalement* et par *écrit;* c'est une excellente préparation aux compositions de style. — Les Élèves parlent ou écrivent comme ils peuvent; *mal* d'abord, *mieux* ensuite, *bien* plus tard, quand cet exercice aura été réitéré et dirigé avec goût et talent.

QUESTIONS : On adresse ces questions : *Racontez cet événement?* Que vous rappelle ce *personnage,* — ce *sentiment,* — cet *objet,* — cette *ville?* — Classez les *personnages* par lettre alphabétique, par syllabe, par siècle, etc. — A l'aide des événements, on fait des lettres, des biographies, des énigmes, des pensées morales, des exercices sur les verbes, les attributs, les sujets, etc.

RÉSULTAT DE LA MÉTHODE : Toutes les notions sont rattachées à l'histoire, l'histoire est au service de la langue ; la langue, à son tour, est appliquée à l'éducation de l'esprit et du cœur.

Les histoires racontées ne s'apprendront jamais par cœur.

DEUXIÈME PARTIE.

Vous n'avez vu encore qu'une idée ingénieuse; un procédé plutôt qu'une méthode; c'est ici que commence la méthode d'histoire de M. Lévi; elle est présentée dans deux ouvrages principaux dont nous allons donner l'analyse.

PREMIER OUVRAGE.

ESQUISSES HISTORIQUES.

Les premières pages sont consacrées aux *connaissances* que doit acquérir l'élève avant de commencer l'étude de l'histoire : l'origine et la formation des peuples et des États, celle des gouvernements ; les différentes sortes de gouvernements ; le but de l'histoire, ses divisions selon les différents points de vue sous lesquels on l'envisage, les sciences qui lui servent de fondement ; les ères des peuples, les différentes manières de diviser les peuples.

L'auteur conseille de faire marcher de pair les *Esquisses historiques* avec les *petites histoires*, et, dans ces *premières connaissances*, d'adresser de fréquents *pourquoi* aux enfants.

Toutes ces divisions doivent être représentées successivement et synoptiquement sur le tableau noir, afin que l'enfant saisisse facilement ; ce qui lui serait impossible, si le maître lui faisait apprendre par cœur ou lire simplement les explications que M. Lévi a données.

Viennent ensuite quelques notions préliminaires sur les premiers temps du monde. — De la création du monde au déluge. — Du déluge aux premiers peuples.

Toutes ces notions sont écrites avec beaucoup de clarté, et sont parfaitement accessibles à l'intelligence des enfants ; elles sont exposées dans une dizaine de pages, et forment une espèce d'introduction à l'ouvrage, qui, lui-même, comprend sept divisions.

Première division.

ÉCHELLE DES PEUPLES.

Cette échelle présente, dans leur ordre chronologique, les peuples anciens, ceux du moyen âge et ceux de l'histoire moderne, avec seulement l'indication du siècle de la fondation et du nom du fondateur.

Cette première division, que l'auteur regarde avec raison comme la souche de l'histoire, doit être étudiée avec le plus grand soin, et répétée au commencement de chaque leçon, quel que soit le degré d'avancement des élèves : c'est un véritable ***alphabet historique***. — On se sert à cet effet d'un tableau noir sur lequel sont tracées des lettres initiales destinées à rappeler les noms des peuples et ceux des fondateurs.

Exercices.

Il faut que l'élève sache cette échelle d'une manière imperturbable ; on l'interrogera successivement :

1. — Sur le siècle de la fondation d'un peuple.
2. — Sur les fondateurs.
3. — Sur tous les peuples des trois divisions de l'histoire.
4. — Sur la comparaison d'un peuple avec un autre.

On sentira plus tard l'importance de ces exercices nombreux et réitérés.

Deuxième division.

SITUATION GÉOGRAPHIQUE.

La deuxième division donne la situation géographique de tous ces mêmes peuples ; elle doit conséquemment être étudiée en présence des cartes. Lorsque les élèves la possèdent suffisamment, on les exerce à tracer deux cartes : 1° celle du monde ancien, où doivent figurer tous les peuples et les villes déjà connus ; 2° celle du monde tel que nous le connaissons aujourd'hui, avec les peuples du moyen âge et de l'histoire moderne, ainsi que les villes déjà citées.

L'auteur donne ici des modèles de questions : nous remarquons celles-ci : Où se trouve tel peuple, et quelles sont les villes principales du pays qu'il habitait ou habite ? — A quel pays appartient ou appartenait telle ville ? — Quel est le peuple qui se trouvait ou se trouve dans telle situation ?

Troisième division.

PRINCIPALES VICISSITUDES DES PEUPLES.

La troisième division a pour titre : *Principales vicissitudes des peuples.* Elle nous représente encore les mêmes peuples dans le même ordre chronologique ; car, remarquez-le bien, le principal mérite de cette méthode est de toujours rattacher les faits nouveaux aux faits déjà connus. Ici, nous trouvons, de plus que dans la première division, les grandes masses de l'histoire de chaque peuple, marquées par les différentes révolutions qu'il a subies.

L'élève devra dire sur une carte générale les révolutions des peuples, en désignant avec promptitude les pays et les villes indiqués. Le meilleur moyen de graver dans la mémoire l'histoire par la géographie, et la géographie par l'histoire, c'est de donner des voyages où les deux sciences se trouvent réunies. Pour les exercices multipliés qu'exige cette partie, nous renvoyons à l'ouvrage même.

Quatrième division.

PETITE REVUE DE L'HISTOIRE GÉNÉRALE.

La quatrième division, que l'auteur appelle *petite revue*, est un résumé rapide des faits que les élèves ont étudiés dans les trois premières divisions. Il importe donc qu'elle soit sue d'une manière imperturbable.

Plus l'élève avance, plus son intelligence se développe par les comparaisons qu'il a faites. Ici, il va s'assurer des connaissances qu'il a acquises ; cette *petite revue de l'histoire générale* présente les grands faits qu'il a vus dans l'ensemble de chaque histoire particulière ; il placera sur son cahier des numéros qui répondront à chacun des événements, et il en écrira lui-même l'explication dans une colonne séparée (consulter les *Esquisses*).

L'auteur a eu soin de placer à la fin de chaque division des indications d'*exercices* fort ingénieux, et des modèles de questions à adresser aux élèves.

La *petite revue* est suivie d'une chronologie des événements principaux de l'histoire. C'est ici que l'élève commence à faire lui-même sa petite *histoire générale*.

Ce tableau chronologique est d'une grande importance, puisque c'est le terme de comparaison auquel seront rapportés les faits historiques de chaque siècle ; il convient donc d'y arrêter l'élève jusqu'à ce qu'il le possède d'une manière sûre.

L'élève lira attentivement l'événement dans son histoire et l'*analysera* par écrit et verbalement ; il s'accoutumera ainsi à saisir le sens principal, à résumer ; exercice difficile, mais important.

Vient ensuite une *liste* séculaire de grands hommes,

depuis la création du monde jusqu'à nos jours : chaque personnage célèbre donne son nom à un siècle; et dans une seconde colonne, mise en regard, sont inscrits les noms des personnages marquants du même siècle.

Par exemple : le grand Cyrus donne son nom au VIe siècle avant J.-C. ; Solon, Pisistrate, Tarquin-le-Superbe, Confucius, Crésus et Cambyse sont les hommes célèbres du même siècle. Ainsi se trouvent rappelées à la mémoire de l'élève et simultanément l'histoire de la Grèce, celle de Rome, celle des Chinois, celle des Perses.

Cette liste séculaire est également un exercice des plus utiles ; on en peut juger par les questions que l'auteur a placées à la suite. Dans quel siècle vivait Annibal? — Combien s'est-il écoulé d'années ou de siècles entre Annibal et Louis XIV? — Dans quelle histoire trouvez-vous Annibal, et à quelle occasion en parle-t-on? — Appliquez à chaque personnage des questions de la même nature, et vous comprendrez tout le fruit qu'on peut tirer de cet exercice.

L'élève, pour cette biographie des grands hommes, commence à multiplier ses recherches; il peut et doit se servir de tous les ouvrages qu'il a à sa disposition. Un petit *Dictionnaire historique* lui deviendra nécessaire.

Arrêtons-nous ici, et essayons d'apprécier quel doit être l'acquis des élèves arrivés à ce point.

Ils connaissent : 1° L'ordre chronologique, les fondateurs, et la position géographique des peuples qui ont occupé la scène du monde depuis l'origine des premières nations jusqu'à nos jours;

2° Les principales vicissitudes de ces peuples, c'est-à-dire les grandes divisions de l'histoire de chacun d'eux;

3° La chronologie et le développement des événements principaux de l'histoire;

4 Enfin tous les hommes célèbres qui ont paru dans chaque siècle.

Cinquième division.

HISTOIRE DES PEUPLES.

Dans la cinquième division, les peuples, vus jusqu'alors dans leur ensemble, et seulement indiqués par leur naissance, leur moment d'éclat et leur chute, sont présentés avec des détails suffisants pour les faire connaître parfaitement

Cette partie très développée sera lue attentivement à la leçon ; l'élève, préparé par les exercices précédents, n'éprouvera aucune difficulté ; alors il peut faire de jolis atlas disposés avec goût.

Il est arrivé aux *études secondaires,* il fera marcher de front : 1. La géographie, physique, politique et chorographique, à l'aide des *Études géographiques* et de la *Géographie racontée ;*

2. Le précis historique avec la généalogie, à l'aide des *Esquisses historiques ;*

3. La littérature, à l'aide des *Esquisses littéraires.*

L'étude du peuple sous ces trois faces sera donc accomplie.

C'est dans ce travail, fait avec conscience et méthode, que les aspirants au *baccalauréat* trouveront la solution de toutes les questions du programme universitaire.

Sixième division.

HISTOIRE DE FRANCE, HISTOIRE D'ANGLETERRE.

Dans la sixième division, l'histoire de France et l'histoire d'Angleterre, jusqu'alors confondues avec celle des autres peuples modernes, deviennent le centre où répondent tous les faits de l'histoire européenne. Ici commence un travail nouveau pour les élèves. Vous jugerez, Messieurs, de l'importance de ce nouvel exercice par la manière dont M. Lévi fait disposer ses cahiers.

1re colonne. Nom du roi de France.
2e — Avènement du roi.
3e — Événements qui se sont passés en France.
4e — Événements contemporains.
5e — Ministres.
6e — Guerriers.
7e — Savants.
8e — Observations générales dans lesquelles entreront les découvertes, les institutions, etc.

Ces tableaux serviront de sommaire pour développer les événements. Les ouvrages principaux qu'il faut lire pour analyser, et quelquefois extraire, sont :

1° L'*Abrégé méthodique* d'*Histoire de France,* rédigé d'après des leçons de M. Lévi, par Mlle Gombault, son élève, avec un questionnaire développé ;

2° Les *Essais sur l'Histoire de France* de M. Guizot ;

3° L'histoire de France du président *Hénault ;*

4° Les *Chroniqueurs* réunis par M. Lévi ;

5° L'*Histoire classique des Reines et Régentes de France,* par M. Lévi ;

6° La *Gaule poétique* de M. Marchangy ; 7° Henri Martin ; 8° la *Biographie* de Michaud ; 9° pour les portraits : le *Cours de littérature* de Noël, et les Cours de littérature étrangère ; 10° pour les généalogies : Koch, Las Cases ; 11° pour les événements de l'histoire générale : les *Éléments d'Histoire générale* de M. Lévi.

Exercices chronologiques.

On sentira toute l'importance de ces exercices par les questions suivantes :

Que se passait-il en Europe, en Asie, pendant que saint Louis régnait en France ?

L'élève, en cherchant dans son Histoire Générale, devra répondre :

Saint Louis monta sur le trône en 1226, et mourut en 1270. — Les événements contemporains sont :

En *Angleterre :* — Admission des communes au parlement d'Angleterre, sous Henri III.

En *Espagne :* — Conquête du royaume de Cordoue, par les Castillans.

En *Italie :* — La maison d'Anjou au trône de Sicile, et a mort de Conradin.

En *Orient :* — Fin de l'empire des Latins, et prise de Constantinople par Michel Paléologue.

En *Asie :* — Conquêtes de Gengis-Khan.

En *Afrique :* — Les Mamelucks maîtres de l'Égypte.

Septième division.

SOUVERAINS DE L'EUROPE.

Enfin, la septième et dernière division du premier ouvrage est un *tableau chronologique* de tous les souverains de l'Europe jusqu'à nos jours, disposé par dynasties et par familles. Au moyen d'un tableau synoptique que l'on fait faire à l'élève, il peut donner les noms de tous les souverains qui régnaient en Europe à une époque indiquée. Par exemple : Quels sont les rois qui régnaient en Europe, quand Christophe Colomb découvrit l'Amérique en 1492? L'élève de M. Lévi répondra sans hésiter : En France, Charles VIII ; en Angleterre, Henri VII ; en Espagne, Ferdinand V, etc.

Ce dernier travail est un des plus instructifs et des plus attachants ; l'élève doit s'exercer graduellement à désigner les souverains régnants à une *époque donnée*. Il étudiera d'abord la *France*, puis *l'Angleterre*, et, avant de passer à un autre peuple, il mettra ces deux États en rapport, etc. Après l'avoir exercé alternativement par des *recherches* et par ses *souvenirs*, on lui pose une date quelconque, et il nomme, suivant ses progrès, les rois de France, d'Angleterre, d'Espagne, etc.

Les généalogies sont une des branches importantes de l'histoire ; elles doivent naturellement jouer un grand rôle dans la méthode de M. Lévi. Je n'entreprendrai pas de donner ici l'analyse des leçons du professeur sur ce sujet ; il suffit de dire que les principales généalogies des familles royales de l'Europe sont tracées sur un tableau noir, sous les yeux mêmes des élèves ; travail important donnant la clé des grandes guerres de succession, qui, plus d'une fois, ont changé la face de l'Europe.

Conclusion sur l'étude des Esquisses historiques.

Ainsi, à l'aide des exercices indiqués successivement par l'auteur, tous ces faits sont entrés dans la mémoire des élèves dans un ordre si bien gradué, que chaque nouvelle acquisition n'a été pour eux que le développement des faits déjà connus. Tous ces exercices se prêtent un secours mutuel ; une date quelconque rappelle à l'instant le nom d'un grand homme, celui du peuple auquel il appartient, celui du fondateur de ce peuple, le siècle de son origine, sa position géographique, les principales révolutions qu'il a subies, les nations étrangères avec lesquelles se lie son histoire. Rien n'est isolé dans la mémoire de l'élève; tout se lie, tout s'enchaîne. Voilà, selon nous, la véritable manière d'étudier l'histoire.

Cette méthode passe par l'entendement pour arriver à la mémoire, et c'est en cela qu'elle est surtout préférable à l'ancienne, qui suit une marche exactement inverse; aussi, mettez en comparaison deux enfants de dix à douze ans, instruits, l'un par l'ancienne méthode, et l'autre par celle de M. Lévi; que trouverez-vous? Rien ou peu de chose d'un côté, et de l'autre des connaissances variées, étendues pour l'âge de l'enfant; un esprit d'analyse, de comparaison, de critique morale, où l'homme raisonnable perce déjà. Un homme célèbre, que vous vous honorez de compter au nombre des membres correspondants, M. le comte de Las Cases, avait déjà ouvert une nouvelle voie aux études historiques, en les sortant du chaos où elles étaient restées plongées jusqu'à lui. M. Lévi nous paraît avoir dignement marché sur ses traces, et mérité les suffrages de tous les amis de la jeunesse[1].

DEUXIÈME OUVRAGE.

ÉLÉMENTS D'HISTOIRE GÉNÉRALE.

J'ai eu l'honneur de vous exposer, Messieurs, dans un premier article, le plan général de la méthode de M. Lévi. A l aide des *Esquisses historiques* de ce professeur, j'ai suivi

1. Voyez, pour les autres ouvrages, les *Rapports sur la Méthode de M. Lévi*, Paris, rue du Bac, 41.

sous vos yeux un enfant de l'âge de six ans jusqu'à celui de douze environ, et vous avez dû être frappés de la variété et de la sûreté des connaissances acquises jusqu'à cette époque de la vie.

Résumons en peu de mots l'acquis de l'élève arrivé à la fin des *Esquisses historiques;* il doit pouvoir répondre sur tous les faits principaux de l'histoire particulière des peuples. Il connaît : 1° l'origine et l'organisation des sociétés; 2° la succession des peuples; 3° les révolutions dans l'histoire de ces peuples, avec des détails chronologiques, généalogiques, biographiques, etc.; 4° l'histoire de France mise en rapport avec les faits contemporains.

Passons maintenant, Messieurs, au second ouvrage, les *Éléments d'histoire générale,* en adoptant les quatre parties que l'auteur lui-même indique dans sa préface.

1° *Les Divisions par siècle et par histoires particulières.*

Dans les *Esquisses,* l élève a vu les peuples depuis leur origine jusqu'à nos jours; maintenant il va les suivre *synchroniquement* siècle par siècle : il pourra donc comparer les événements, les grands hommes, l'état de civilisation à une époque donnée. Ce travail lui sera d'autant plus facile qu'il en a étudié, si je puis le dire, les linéaments dans les *Esquisses :* le trait du tableau étant fait, il n'y manque plus que le coloris.

Cependant nous voyons bien jusqu'ici des faits isolés, comparés avec des faits isolés; mais l'ensemble des époques que nous devons saisir à la fois nous manque : c'est l'objet de la seconde remarque.

2° *Les observations générales sur les divisions de l'histoire, et sur les grandes époques.*

L'auteur, dès le début, donne en quelques pages un aperçu de l'histoire générale : c'est comme une introduction où les révolutions, les invasions sont dessinées à grands traits, et frappent l'esprit des jeunes gens. Dans la succession des siècles, M. Lévi a marqué ces points de repos par des *stations,* d'où successivement, il jette un regard en arrière sur les événements étudiés, et sur l'état du monde. Par exemple, après les *guerres puniques,* il trace la situation du monde alors connu, et donne d'après *Montesquieu,* un parallèle entre Rome et Carthage, avant et après ces guerres mémorables. Il en est de même après chaque grande époque. L'élève voit se développer graduellement le *panorama* des peuples, à l'avènement d'Auguste à l'empire, à l'invasion des peuples barbares, au renouvellement de l'empire d'Occident sous Charlemagne, enfin à toutes les périodes marquantes de l'histoire. Et, dans cette marche logique, la littérature n'est point oubliée, et les siècles de *Périclès,* d'*Auguste,* d'*Al-Mamoun,* de *François Ier*, de *Louis XIV,* présentent successivement les écrivains célèbres qui ont hâté les progrès de l'esprit humain.

3° *Les Tableaux synoptiques, les Cartes et les Voyages.*

Je voudrais, Messieurs, pour vous prouver l'importance de cette troisième partie, exposer sous vos yeux les atlas et les cahiers des élèves de M. Lévi; vous verriez qu'à l'aide des *tableaux synoptiques,* que le professeur d'histoire doit tracer d'une main habile, la mémoire est admirablement soulagée : la clarté succède à la confusion; l'œil satisfait peut suivre sans fatigue et sans ennui le dédale tortueux des généalogies des rois de tous les temps et de tous les pays. Par ce moyen, vous retenez sans peine l'origine et la descendance des familles royales et princières, les noms et les droits des prétendants, si nombreux qu'ils soient, dans les guerres de succession. Vous suivez avec intérêt la marche des conquérants et les voyages des navigateurs, et dans ce travail si peu connu dans nos classes, M. Lévi se glorifie d'être le disciple de Las Cases, dont il voudrait, avec raison, qu'on popularisât l'*Atlas historique*.

Mais, diront quelques critiques, l'ouvrage de M. Lévi est sans doute très méthodique; comment cependant voulez-vous que, dans cinq cents pages, il ait développé tous les événements de l'histoire? Je pourrais répondre, Messieurs, que c'est l'inconvénient attaché à tous les ouvrages classiques; et comment y remédier? Serait-il raisonnable de mettre dans les mains des élèves un ouvrage de douze ou quinze volumes? M. Lévi, ce me semble, a parfaitement compris la difficulté, et l'a surmontée avec bonheur; car il est assez remarquable qu'il ait tout prévu : c'est l'objet de sa quatrième et dernière observation.

4° *L'indication des lectures propres au développement des grands faits.*

L'auteur a senti les inconvénients d'une grande *Histoire générale*. Vous penserez avec lui, Messieurs, que chaque historien écrit suivant ses opinions; que les conséquences qu'il déduit de tous les faits qu'il rapporte dépendent de sa position, de son caractère ou de ses sentiments : c'est ainsi que sont écrits tous les ouvrages classiques. Un homme fait peut les lire avec fruit et sans danger; un jeune homme, dans son inexpérience, s'en appropriera les maximes. Trop heureux s'il ne suit que les bonnes! Avec les *Éléments d'histoire générale*, ce n'est pas un seul auteur que l'élève lira ou entendra; ce sont tous ceux qui auront écrit sur ces matières spéciales; il pourra donc comparer les opinions différentes, et plus tard s'en former une lui-même. A tous les grands événements, l'auteur recommande la lecture de tel passage d'un ouvrage : c'est ainsi qu'un jeune homme fera connaissance successivement avec Homère, Virgile, Rollin, Montesquieu, Chateaubriand, Racine, Voltaire, Corneille, Vertot, Villemain, Guizot, et avec tous les bons écrivains, anciens et modernes, qui ont traité l'histoire, soit littéraire, soit politique, soit militaire. A Dieu ne plaise que M. Lévi borne la leçon du professeur! il appelle, au contraire, tous les développements à l'aide de sa méthode, et ne prétend donner qu'un plan que chacun peut agrandir suivant sa capacité.

Les ouvrages de M. Lévi sont généralement adoptés, quels que soient les principes d'instruction qu'on professe. Ils sont traduits en anglais, en allemand, en russe, et sont suivis dans la plupart des institutions étrangères.

La lecture des *Chroniqueurs français*, que M. Lévi vient de faire paraître, est digne d'être mise entre les mains de ceux qui veulent connaître à fond l'*Histoire du moyen âge*.

Vous le voyez, Messieurs, il ne manque à l'élève de M. Lévi, pour compléter ses études historiques, que les hautes leçons des professeurs de la Sorbonne; il saisira avec un tact merveilleux toutes les allusions historiques. Si *M. Villemain* parle, avec l'éloquence qui le distingue, des littératures européennes, il suivra sans peine ses incursions nombreuses faites dans le champ de l'histoire; si *M. Guizot*, en profond critique, examine, avec le coup d'œil du *chroniqueur*, les époques encore bien obscures du moyen âge, notre jeune homme saura apprécier la justesse des citations et des jugements; en un mot, je crois que les *Éléments d'Histoire générale* sont le digne complément des *Esquisses historiques*.

Ce serait ici l'occasion de vous parler des exercices ingénieux que M. Lévi indique, au moyen desquels l'élève compare les siècles, les hommes, la situation des États; mais ils sont tellement multipliés, que je me trouve obligé de vous renvoyer à l'ouvrage même: je vous prierai seulement de fixer votre attention sur les *dialogues* et les *lettres historiques*, dont on peut tirer un parti très avantageux. Ces lettres prennent pour base une histoire quelconque, et y rapportent toutes les histoires contemporaines.

Ainsi l'*Histoire sainte* sert de point de départ depuis la création jusqu'au xxve siècle avant J.-C.

L'*Histoire d'Égypte*, depuis le xxve siècle jusqu'au xvie avant J.-C.

L'*Histoire grecque*, depuis le xvie siècle jusqu'au ive avant J.-C.

L'*Histoire romaine*, depuis le ive siècle avant J.-C. jusqu'au ve après J.-C.

L'*Histoire de France*, depuis le ve siècle jusqu'à nos jours.

Parmi les exercices que M. Lévi recommande, je citerai en première ligne les *Énigmes historiques*. Ce petit ouvrage intéressant présente sous une forme dramatique les principaux faits de l'histoire. L'élève doit deviner le *sujet* de l'énigme, dire à quel siècle se rapporte l'événement, parcourir les principaux faits de ce siècle, suivant les connaissances qu'il a acquises, et nommer les personnes avec quelques détails biographiques. Certes, celui qui pourrait répondre aux 400 tableaux de ce *musée historique,* avec les développements qu'exige l'auteur, saurait parfaitement les *faits* de l'histoire générale. Je recommande ce petit ouvrage aux instituteurs.

D'après les conseils des instituteurs les plus éclairés, dans l'intérêt des bonnes études et dans celui de sa méthode, destinée sans aucun doute à un grand succès, M. Lévi vient d'ouvrir chez lui des cours d'histoire pour les jeunes professeurs et les institutrices qui désireraient se familiariser avec les procédés dont il se sert dans ses démonstrations : c'est acquérir de nouveaux droits à la reconnaissance des pères de famille, à l'estime des amis de la jeunesse, et rendre un service signalé à l'instruction et à l'enseignement.

SABATIER.

TABLE DES MATIÈRES

Versailles. — Imprimeries Cerf, 59, rue Duplessis.

www.ingramcontent.com/pod-product-compliance
Ingram Content Group UK Ltd.
Pitfield, Milton Keynes, MK11 3LW, UK
UKHW022018170726
13837UKWH00001B/262

9 782329 485058